青少年百读不厌的成长故事

朱德的故事

刘学民　主编　ZHU DE DE GUSHI

四川出版集团　天地出版社

图书在版编目（CIP）数据

朱德的故事 / 刘学民主编 . —2版 . —成都：天地出版社，
2012.7（2015.4重印）
（青少年百读不厌的领袖故事）
ISBN 978—7—5455—0671—6

Ⅰ . ①朱… Ⅱ . ①刘… Ⅲ . ①朱德（1886~1976）—生平事
迹—青年读物②朱德（1886~1976）—生平事迹—少年读物
Ⅳ . ①K827=7

中国版本图书馆CIP数据核字（2012）第143162号

ZHU DE DE GUSHI

朱 德 的 故 事

刘学民　主编

天 地 无 极　世 界 有 我

出 品 人　罗文琦

责任编辑　漆秋香
封面设计　张　科等
内文设计　金娅丽
责任印制　桑　蓉

出版发行　天地出版社
　　　　　（成都市三洞桥路12号　邮政编码：610031）
网　　址　http://www.tiandiph.com
　　　　　http://www.天地出版社.com
电子邮箱　tiandicbs@vip.163.com

印　　刷　北京旺鹏印刷有限公司
版　　次　2012年7月第二版
印　　次　2015年4月第三次印刷
规　　格　850mm×1168mm　1 / 32
印　　张　6.375
字　　数　152千
定　　价　13.00元
书　　号　ISBN 978-7-5455-0671-6

目　　录

第一次与封建势力较量

　　1907 年底，朱德结束了四川高等学堂附设体育学堂的学业，怀着"强身救国"的愿望，从成都返回仪陇，被县高等小学课堂聘为体育教习（即教员）兼庶务。

　　新学期开始，朱德心情激动地踏进学堂大门，满以为开办了新学，一定会受到人们欢迎。谁料到，学堂里冷冷清清，来上课的学生寥寥无几。他一打听，原来是因为学生家长听说体育课是"猥亵的课程"，要让学生脱掉长衫，穿着短衣短裤蹦来蹦去。他们认为这是"有损国粹"、"有伤风化"。朱德知道这些流言蜚语来自县里那些代表封建顽固势力的地主豪绅。他没有灰心失望，尽管来上体育课的学生很少，但他仍然坚持教下去。

　　不久，学堂门口张贴了一首打油诗，上面写着：

　　　　十二学生五教员，口尽义务心要钱。
　　　　未知此事如何了，且看朱张刘李田。

　　离奇的谣言，恶意的诽谤，接踵而来，闹得满城风雨。这些流言蜚语很快就传到了几十里外的马鞍场，家里托人捎话来，让他立即回家一趟。

　　朱德满腹狐疑地赶回家中，一进家门，从陈家湾赶来的生父朱世林，就对他大发脾气。他终于明白了叫他回来的用意。

1

朱德耐着性子向家人解释教授体育课的意义，可是生父根本听不进去，索性一拍屁股回了陈家湾。养父朱世连是个明达事理的人，虽然也不想让朱德教体育课，但听了朱德的一番解释，觉得还是有道理的。他相信朱德不会搞歪门邪道，只是再三嘱咐朱德在外做事要小心谨慎，千万不可惹是生非。

朱德匆匆告别了家人，踏上返回县城的山路。他知道，来自家庭的压力远不如来自社会的攻击，在他的面前是一条崎岖的、布满荆棘的道路，他一定要坚持走下去。

谣言终究是短命的，没有使体育课停下来。那些"旧派人物"更加忌恨朱德，就联名告到县衙门，说他教体育课，破坏了学堂的教学秩序，要求知县下令取消体育课。

一天，衙门里来人传唤朱德到堂听审。其实朱德等几位教员对此已有思想准备，因为他们知道知县也是个"旧派人物"，迟早有一天会对他们找茬刁难的。

进了衙门，朱德他们看见有几个县里的豪绅趾高气扬地站在大堂外，摆出一派盛气凌人的模样。

"朱玉阶，有人告你教授猥亵课程，果有其事？"知县危言耸听地发问。

"没有。"

"没有？那么你教唆学生脱去长衫，跳来跳去，岂不是伤风败俗之举？"

"穿着短衣短裤便于活动，怎么能说伤风败俗呢？"朱德据理力争，毫无惧色。

"不管你怎么狡辩，这种做法纯属误人子弟！"

"知县大人，"朱德情绪激动地说；"数十年来，我们国家深受外国列强欺侮，就是因为国民体质孱弱，无力抵抗列强的侵略。所以说，强壮身体是国家强盛的需要，而兴办体育就是为了强壮国民体魄，怎么可以说是误人子弟呢。"

"岂有此理!"知县无言以对,勃然大怒,"本知县决不允许这种下贱的课程再继续教下去!"

面对知县蛮横无理的裁断,朱德怒火中烧,但他仍然理直气壮地申辩着……

与朱德同来的刘寿川走到知县近旁,悄声告诉知县说,兴办体育是朝廷旨意,并不是朱德独出心裁,倘若此事闹大了,怕是不好收场。知县听罢,似乎悟出了什么,只好自己找个台阶下,他强作镇静地说:

"既然有刘先生出面担保,那就看在他的面子上,可以继续开办体育课。不过,本知县有言在先,如果有学生走上邪路,一定要严惩教唆者!"

一场官司就这样不了了之。回到学堂,同去的教员学着知县那窘迫的样子,说:"本知县有言在先,如果……"不禁引起哄堂大笑,大家都赞朱德有胆有识。

（姚建平）

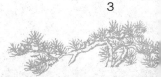

誓拼热血铸中华

　　1911 年 8 月，25 岁的朱德作为云南陆军讲武堂第三期毕业生跨入新军十九镇的营盘。在讲武堂这座充满革命思想的熔炉里，朱德受到孙中山民主主义思想的影响，加入了同盟会，立志要为推翻清王朝，建立民主共和国贡献自己的力量。

　　见习期满后，朱德被任命为连队司务长，授少尉军衔。他按照同盟会的指示，利用管理军需的便利条件，深入到士兵中宣传同盟会的纲领。不久，他发现士兵中有不少人是哥老会的成员。为了便于活动，他在朋友的引荐下，也加入了哥老会。

　　10 月 10 日，湖北新军在武昌举行武装起义，揭开了推翻清王朝的序幕。这一消息极大地鼓舞了正在积极准备起义的云南革命党人，蔡锷、李根源等人秘密召集会议，商讨起义的具体事宜。

　　这时，昆明城的气氛越来越紧张，云贵总督李经羲预感到一场革命风暴即将到来，惊恐万状，一面拉拢蔡锷等人，一面加强了昆明城和总督衙门的防守兵力，并且让镇统（相当于师长）钟麟同下令，将弹药收交军械局，以防止突然事变的发生。

　　10 月下旬，朱德接到秋季演习照常举行的命令后，有意保存了一部分弹药。分发子弹时，他号召士兵们节省使用，并规定了具体数目。

　　28 日夜，蔡锷等人再次聚会，决定 30 日午夜三鼓时分

（即夜 12 时）举行起义。到时，由蔡锷率部在巫家坝起兵，
攻打总督衙门；由李根源率部在北较场起兵，攻打军械局。

朱德和士兵们得到起义的通知后，欣喜若狂，摩拳擦掌，
兴奋地等待着这一时刻的来临。

10 月 30 日，这一天恰逢重阳节。晚九时许，队官（连
长）禄国藩召集左队各排长和司务长朱德开会布置任务。正
当会议进行时，外面传来阵阵脚步声，卫兵进来报告说，北较
场那边响起了枪声……

朱德随着众人走出房门，看到操场上到处是人，跑着、喊
着，他意识到起义已经迫在眉睫。正在混乱之际，一个洪亮而
又熟悉的声音高喊着：“士兵弟兄们，大清王朝腐败透顶，我
们不能再为他们卖命了……现在我宣布，起义了！”

在蔡锷的号召下，部队很快恢复了平静，队伍井然有序地
向昆明城开进。

这时，朱德接到命令，禄国藩指定他担任前锋区队官，率
部向财神宫进攻。原来，先前任命的区队官一开始行动后就带
着几个亲信逃跑了。

一路上，前锋队行进得很顺利，因为巡防营的士兵中有许
多同盟会员和哥老会员，他们得知起义的消息后，纷纷掉转枪
口，加入到起义军的行列。前锋队很快来到总督衙门。

驻守在总督衙门的卫队营和机关枪营凭借着有利的地形和
充足的弹药，拼命顽抗。起义军由于火力不足，久攻不下，战
斗持续了近两个小时。

这时，突然传来了一个振奋人心的消息：军械局已被攻
克。攻打总督衙门的起义官兵士气大振，补充了弹药后，连连
发起进攻。朱德率领前锋队勇敢战斗，首先冲破守军的防线，
进入总督衙门。

不一会儿，搜查的士兵向朱德报告，说李经羲已经跑了。

朱德一面命令士兵继续寻找李经羲,一面从口袋里掏出五色旗,吩咐士兵升上旗杆。

"胜利了!共和了!"整个昆明城沸腾起来。朱德望着空中飘扬的五色旗,内心感到无比的喜悦,他一直盼望着中国成为一个独立的、统一的、民主的、进步的、幸福的国家,他热切地期待着这一天的到来。

(姚建平)

游击战术的创造者

　　1914 年，28 岁的少校营长朱德奉命来到云南南部的临安（今建水）驻防，同时担负起维持地方治安的任务。

　　临安毗邻蒙自、个旧、阿迷（今开远）等县，同属迤南地区。这里山峦重叠，丛林密布，常有土匪出没，打家劫舍，滋扰乡民，搅得鸡犬不宁，人心无定。匪徒依仗熟悉地形，流窜于山林河谷之间，遇到官军进剿，就分散潜入山林，待官军撤离，又聚合一处，即使是官军的驻地，也常常受到土匪的袭扰。

　　在最初的日子里，朱德所在部没有摸清土匪的活动规律，经常疲于奔命，被土匪牵着鼻子跑，结果毫无所获，甚至被土匪打了伏击。有一次，朱德率领一营人马分兵进剿，万万没想到却被土匪袭击了营部。朱德带着五六名卫士左突右打，终于冲出了包围圈。土匪还在后面紧追不舍，朱德因不熟悉地形，怎么也无法摆脱土匪的追击。正当他们一筹莫展的时候，突然发现密林中有一座寺庙，便急步闯了进去。

　　"住持，后面有土匪追我们。"卫兵气喘吁吁地对一位 40 多岁的和尚说明情况。

　　庙中的住持曾受过匪患之害，对土匪也深恶痛绝，他不容分说，吩咐小和尚带他们到后殿的暗室中躲藏起来。土匪们进来搜了一通，没见到人，无可奈何地离开了寺院。

　　这一次遇险，倒使朱德开始注意起土匪的活动方式。于是

发动乡民做耳目，为他提供情报，配合部队剿匪。

当时，蒙自一带有一个出名的惯匪，名叫方位。此人凶狠狡诈，迤南剿匪事务所多次出兵都没有把他擒获。这年11月间，朱德得知方位带着一伙土匪正在冷水滩，便督兵前往，迅速将客店包围。当他向店主黄喜了解了店里的情况后，当机立断，决定点火烧店，将负隅顽抗的方位等土匪烧死的烧死，击毙的击毙。

1915年，朱德升任团副，他又率队成功地歼灭了建水县最大的土匪白万和莫卜等，为当地百姓除了一大害。

两年的边境生活，极大地提高了朱德的实地作战能力。他从土匪的活动中得到了启示，并且针对土匪活动的特点，逐渐摸索出了敌变我变，以集中对集中，以分散对分散，化整为零，化零为整，声东击西，机动灵活等一系列游击战术。在中国共产党领导的革命战争中，他成功地运用了这一时期获得的经验，特别是后来同毛泽东一起，共同总结了"敌进我退，敌驻我扰，敌退我追，敌疲我打"的十六字诀，丰富和发展了马克思列宁主义的军事理论。

（姚建平）

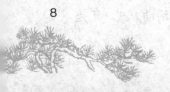

护国骁将

　　1915 年底，由于窃国大盗袁世凯宣布称帝，云南将领蔡锷等人在昆明首举义旗，发布讨袁檄文，组织护国军，誓师北伐。这时，正在蒙自驻军的朱德接到蔡锷的命令后，立即率部赶往昆明。

　　云南起事的消息传到了北京，袁世凯急忙任命曹锟、张敬尧为征滇军正、副总司令，率军沿长江入川，扫荡护国军。

　　朱德到达昆明后，被任命为第一军第三梯团第六支队长（相当于团长），随同第一军总司令蔡锷带领的中路部队经贵州向四川进发，准备占领川南要塞——泸州。

　　泸州，在四川省南部长江与沱江会合处，傍依山势而起，雄踞两江之中。传说三国时诸葛亮看到这里地势险峻，又有长江与沱江作为天然屏障，便在此修筑了城池。历史上素称"铁打的泸州"。

　　1916 年 2 月初，中路先头部队——第三支队在支队长董鸿勋率领下抵达与泸州隔江相望的纳溪，会同川军刘存厚部的团长陈礼门合力向泸州进攻。谁料想，当董鸿勋支队北渡长江时，担负后卫任务的川军未能抵挡住从两翼包抄过来的北洋军（即征滇军），董鸿勋支队腹背受敌，被迫突围撤回纳溪的棉花坡。

　　在这危急的时刻，蔡锷急电刚刚抵达川南永宁地区的朱德，要他立即赶往纳溪，接替董鸿勋的职务，担负起阻止北洋

9

军南下的重任。

朱德受命于危难之际，他深深地懂得保卫纳溪的重要意义，这是关系到护国军在川南三个战场作战的关键一环。蔡锷曾在电文中特别指出，纳溪是主战场，一旦有失，全军即行瓦解。

激战前夕，战场的气氛异常紧张。朱德集合起部队，慷慨激昂地对官兵们说："袁贼大逆不道，丧权辱国，复辟帝制，十恶不赦，吾辈军人效忠共和，为共和而战，为共和而死！"

朱德的话音刚落，阵地上顿时沸腾起来：

"誓死保卫共和！"

"讨伐袁世凯！"

……

士兵们群情激愤，口号声此起彼伏，犹如电闪雷鸣一般。

东方泛白，随着一声炮响，护国军开始向北洋军阵地发起攻击。转眼间，战场上硝烟弥漫，枪炮声震耳欲聋，双方展开了一场殊死的搏杀。

战斗持续到正午，北洋军的火力依然十分猛烈。担负着中路进攻的朱德看到部队在开阔地带作战，目标太大，于是决定以一个营的兵力在正面佯攻，牵制敌军；主力绕到敌军的侧翼，采取迂回战术。大约过了半个时辰，敌军火力突然减弱，阵地上出现一阵阵骚动。朱德知道是侧翼部队上去了，立即指挥正面部队在一片喊杀声中冲向敌阵。北洋军丢盔弃甲，狼狈溃逃。

但是，号称"常胜军"的张敬尧第七师，凭借着精良的武器和充足的弹药，拼命地顽抗。连日来，护国军的伤亡也日益增加。

在准备向陶家大屋进攻之前，朱德召集部属商议攻击方案，众人各抒己见，议论纷纷。朱德认为，时间紧迫，相持过久对护国军不利，如果采取强攻，护国军各方面都处于劣势，虽然士兵斗志正旺，但会造成重大损失。如果采取奇袭的战术，出其不意，攻其无备，定能取胜。朱德的意见得到大家的一致赞同。于是，决定组织一支敢死队，对敌阵地进行突然袭击。

夜幕降临，敢死队的士兵已准备就绪。这时，总司令蔡锷来到第三支队的阵地，关切地问朱德是否有把握攻下陶家大屋。朱德充满信心地表示，只要人还在，就一定能取得胜利。

出发了，朱德亲自带着数十名敢死队员穿过山坳，一路急行军，神不知，鬼不觉地进入北洋军阵地前沿，潜伏起来。

拂晓，朱德一声令下，敢死队员们手持大刀，突然出现在北洋军的阵地上，猝不及防的北洋兵惊慌失措，一时间只见银光飞舞，刀下人头落地。敢死队员越杀越勇，和后续部队一起，在一杆绣着"朱"字的三角形军旗引导下，接连攻破北洋军的几处阵地，一直将溃敌追到长江边。

这一仗，朱德赢得了"勇敢善战，忠贞不渝"的声誉。在当地百姓中间流传起"黄柜盖，廖毛瑟，金朱支队惹不得"的佳话。

（姚建平）

踏遍天涯寻正道

"呜——呜!"

沉闷的汽笛声撞击着长江两岸的山城,久久地回荡在江面上。

朱德站在甲板上,凝视着渐渐消失的重庆朝天门码头。他内心充满了一种无法抑制的喜悦……1922 年 3 月间,唐继尧率部逼近昆明,他与金汉鼎等人被迫逃离云南,历经艰难险阻,奔波月余,终于回到四川南溪的家中。这次事变,使他失去了地位、房产和钱财。然而,值得庆幸的是,"借着唐继尧的毒手,斩断了他和封建主义的关系"。他已经无牵无挂,可以按照自己的意愿去实施早已决定的计划——到北京去找南溪驻军时结识的挚友孙炳文,一同出国考察。没想到,回到南溪才几天,杨森的帖子就到了,邀他去重庆做客。他权衡再三,最后还是到了重庆。美味佳肴,上等云南烟土,热情备至的款待,杨森希望他能留下来,共图四川霸业。但是,朱德却没有为之所动,婉言谢绝了杨森的好意,坚持要到北京去……

7 月的一天,朱德来到北京宣武门外的一条僻静的胡同,叩开了孙炳文的房门。分别两年,易地相见,两人整整聊了一个通宵。几天后,两人又结伴到归绥(今呼和浩特市)、大同和张家口作了 10 多天的旅行。路途上,孙炳文向朱德介绍了北方的革命情况。谈话中,朱德最感兴趣的是孙炳文讲的中国共产党。他希望孙炳文能帮助他找到共产党的领导人。孙炳文答应去找他的朋友李大钊谈一谈。

回到北京后，朱德去拜望航空督办署长李根源。朱德在讲武堂时，李根源是他的老师，对朱德出国学习的想法，很赞同，答应尽快帮他办好出国手续。而孙炳文却没有找到李大钊，这时，李大钊已去了南方。但孙炳文得知，共产党的领导人陈独秀在上海。于是，他俩决定办妥出国手续后，立即返回上海。

8月上旬，朱德回到上海。下旬，朱德和孙炳文在一位朋友的引荐下，见到了中共中央执行委员会委员长陈独秀。朱德向陈独秀叙说了自己的经历，恳切地提出了加入中国共产党的请求。然而，朱德的真诚态度却没有打动陈独秀的心。

陈独秀表情冷漠地说："共产党必须以无产阶级的事业为自己的事业，必须随时准备为它献出生命。像你这样的旧军人，需要长期的学习和真诚的申请。"言下之意，朱德现在还不能入党。

陈独秀的话，犹如一盆冷水浇在朱德那炽热的心上，他痛楚万分，怎么也想不通为什么像他这样的与封建势力决裂的人就没有资格加入共产党。在以后的几天里，他心绪烦乱，黯然神伤。

9月初，朱德怀着一种复杂的心情与孙炳文踏上了驶往欧洲的轮船。多年磨炼出来的坚毅的性格，使他没有因为挫折而放弃追求光明、追求真理的信念：到欧洲去，继续寻找救国救民的道路。

经过40多天的航行，轮船抵达法国港口城市——马赛。他们一上岸，又转乘火车前往巴黎。

朱德看到，战争的创伤依然笼罩着这座历史悠久的文明古城，高耸入云的埃菲尔铁塔，宏伟壮丽的凯旋门，美丽宁静的塞纳河，给朱德留下了深刻的印象。然而，最使他感到兴奋的是得知在法国建立了"中国共产党旅欧支部"，负责人叫周恩来，刚去了德国柏林。他和孙炳文不顾旅途的疲劳，当即乘火车赶往柏林。

　　房门开了，出来接待的是一个面目清秀的青年人，他热情地把朱德和孙炳文带进房间，让座、倒茶，使朱德颇受感动。

　　"我就是周恩来。你们有什么事需要我帮助吗？"那个青年人谦和地微笑着。

　　朱德心情激动地讲述起自己的经历：为了寻求救国救民的道路，他走出了大山……他曾经信奉过"强身救国"，当了一名体育教员；他曾经参加过辛亥革命、护国护法战争，为建立民主共和国冲锋陷阵。但是，在严酷的社会现实面前，一个又一个希望化作泡影。他曾经为找不到一条真正的出路，感到苦闷与彷徨，是俄国"十月革命"的炮声，是"五四"运动的兴起，使他重新振奋起来，使他在黑暗中看到了中国的前途……然而，共产党领导人陈独秀的那种冷漠态度却使他大失所望。

　　"我决心加入中国共产党，党派我做什么都行！"朱德恳切地提出入党的要求。

　　周恩来听罢朱德的叙述，被他真诚的态度和坚定的决心所打动，当场表示愿意介绍他们加入中国共产党。

　　这一年11月的一天，周恩来通知朱德和孙炳文，他和张申府作为他们的入党介绍人，组织上已批准了他们的入党请求。从这一天起，他们已成为一名正式党员。朱德心潮澎湃，兴奋不已，他清楚地意识到，从这一天起，他将以一个崭新的面目活动在社会舞台上，他将以劳苦大众的解放为己任，义无反顾地奋斗终生。

　　1925年夏，朱德和孙炳文一同前往苏联，孙因国内斗争需要奉调回国，朱留在苏联学习军事，想不到这一别竟成永诀。当1927年朱德在武汉见到孙炳文的妻子任锐时才获悉孙炳文已于那年4月被蒋介石枪杀了。朱德为失去这样一位挚友和同志感到十分悲痛。

（姚建平）

设宴布迷局

1927 年 7 月 31 日傍晚，坐落在南昌大士院街口的佳宾楼里，传出阵阵悠扬的乐曲声。厅堂内，灯火通明，人声喧闹，壶觞交错，呼幺喝六，好不热闹……

"我曾与诸位共事多年，今日承蒙各位赏光，来此聚会，十分荣幸。我们在一起叙叙旧。"朱德举杯向宾客们敬酒，兴致勃勃地说道。

"朱将军过奖了，我们都是您的部属，曾追随您转战川滇，冲杀疆场。您是我们的老上司了。"团长卢泽明首先举杯应酬道。

"我们在南昌驻军，若有照顾不周之处，还望朱将军多多包涵。"另一名团长肖日文端起酒杯，笑眯眯地说。

"我们滇军有着光荣的传统。在座的都是滇军的功臣。我虽离开滇军多年，还是希望滇军不断发展壮大，军威远播。"

……

这一天上午，在策划暴动的前敌委员会上，经过激烈的争论，终于作出决定：8 月 1 日凌晨 4 时举行暴动。

会后，朱德接受了一项特殊的任务，即利用他与驻在南昌的第三军的旧关系，宴请几位驻军团长，设法牵制住他们，配合起义军的行动。

酒宴持续到 9 点多钟，已接近尾声，朱德看时间还早，便邀请卢、肖几位团长找个地方去打麻将牌，卢、肖等人也正寻

思着要消遣一番。于是大家纷纷离座，来到大士院32号开始了一场"方城大战"。

此刻，暴动的准备活动正在紧张地进行着，各起义部队已经接到总指挥下达的命令，各就各位，等待着这一时刻的到来……

大士院32号里，"雀战"正酣，几位牌场上的老手聚精会神地摆玩着桌上的竹牌。突然，一位起义军中的滇籍军官闯了进来，茫然失措地说，他得到了暴动指挥部的命令，要解除滇军的武装……这一消息使房间里的空气骤然紧张起来。卢、肖几位团长再也无心恋战，慌忙起身向朱德告辞。朱德见状，决定立即去总指挥部报告这一意外情况。

当朱德从总指挥部出来后不久，暴动的枪声打响了。毫无准备的敌军被突如其来的攻击打得措手不及，虽然拼命地抵抗着，但很快就被起义军攻破了防线，溃不成军。

南昌暴动向国民党反动派打响了第一枪，从此，在中国共产党领导下，中国革命开辟了一个新的时期。

（姚建平）

"要继续革命的，跟我走"

　　南昌起义军南下途中，在三河坝实行分兵：起义军大部向潮汕进发，朱德指挥的九军教导团和二十五师留守在三河坝，同钱大钧部激战三昼夜后，终因寡不敌众，于 10 月 3 日夜间从三河坝撤出战斗，打算继续南下，靠近主力部队。中途得到主力部队受挫的消息，便没有去汕头，绕道到了饶平。

　　南昌起义时浩浩荡荡的 3 万大军，除撤到海陆丰的一部分外，朱德率领的这支部队，成了唯一保持完整建制还能继续战斗的武装力量。加上从潮汕突围出来的二十军第三师的部分官兵，共 2000 多人。当时，反革命军队正从四面八方麇集而来，这支部队随时都有被歼灭的危险。面对这种严重形势，士气非常低落，军心涣散。一些意志薄弱者，在艰苦的重压之下，畏缩了，动摇了，在岔道上悄悄溜走了。部队减员每天都在增加。

　　在这个危急关头，朱德挺身而出，担当起历史赋予的重任，在饶平茂芝全德学校召开了干部会议，讨论了形势和去向问题。他根据大家的意见，作出了"穿山西进，直奔湘南"的战略决策，提出要到敌人力量薄弱而农民运动基础好的湘赣边界去打游击，找"落脚点"。他带着起义军从广东饶平出发，翻越闽粤交界的柏嵩关，进入福建的和平、永定，然后经武平转向江西。

　　10 月下旬，起义军来到江西安远县的天心圩。

一天傍晚，突然传来命令：排以上的军官到河坝子里集合。

夕阳隐没在山后，河水缓缓地流淌着。河滩上很快挤满了来自各个部队的军官，坐着的，躺着的，还有背靠背相互支撑的，三三两两无精打采地议论着。不一会儿，朱德、陈毅、王尔琢等走来了。朱德穿着一身洗得发白的灰军装，背着一顶斗笠，一双破了的草鞋用绳子横七竖八地捆在脚上。他脸颊瘦削，胡子老长，双眼却炯炯有神，和蔼可亲。他慢慢走到人群中间，环顾一下，招招手，示意大家坐拢一些。人们起身挪动着，向他靠拢。在这前途渺茫的严重时刻，一双双眼睛注视着他，急切地期待着他回答：革命还有无希望？我们的出路在何方？大家渐渐地安静下来。

朱德望着这些同自己一道浴血奋战的同志，压低声音，非常严肃地说：

"同志们，大家都知道，大革命失败了，我们起义军也失败了！但是，革命的旗帜不能丢，武装斗争的道路要走下去，我们还是要革命的。同志们，要继续革命的，跟我走。不革命的，可以回家去，绝不勉强。但是，武器必须留下，因为那是同志们用生命和鲜血换来的。"讲到这里，他停顿了一下，用明亮的眼睛望着大家，期待着大家的回答。

整个河坝子里一片寂静，只有晚风吹动着树叶"沙沙"作响，河水悄悄流向远方。人们在低头沉思，在慎重选择：是去？是留？必须用行动作出回答。

朱德又接着讲话，洪亮的声音，打破冻结了一般的沉静。

"我还是希望大家不要走！我是不走的。就是剩下我一个人，也要革命到底！"朱德向他生死与共的战友们提出了恳切的希望。他那慷慨激昂的声调越来越高："大家要把革命前途看清楚。1927 年的中国革命好比 1905 年的俄国革命。俄国在

1905年革命失败后，是黑暗的。但是，黑暗是暂时的，到了1917年，革命终于成功了。中国革命现在失败了，也是黑暗的。这黑暗也是暂时的。只要我们认清革命前途，积蓄革命力量，不怕艰苦，不怕挫折，坚持斗争下去，中国也会有个'1917年'，胜利一定会到来。我劝同志们坚信这一点……"

这时，陈毅首先站出来支持朱德，说："南昌起义失败了，但不等于中国革命的失败。中国革命终究是会成功的。一个真正的革命者，不仅经得起胜利的考验，能做胜利的英雄，也要经得起失败的考验，能做失败的英雄。我愿竭尽全力辅助朱军长，把我们这支队伍带出绝境，革命到底。"

朱德和陈毅这些掷地有声的话语，像一声声惊雷，在人群里爆炸。沉闷了许久的起义军军官，立即开始活跃了，有的在窃窃私语，有的在高声发问：

"那我们该怎么办呢？"

"打游击嘛？"朱德向发问的方向看了一眼，斩钉截铁地回答说："这一带大革命时期农民运动有基础。我们跟农民运动结合起来，找个地方站住脚，然后就发展。"

"反动派天天在后面追赶，能站住脚吗？"有人又在发问。

"他们总有一天会不追的。那些封建军阀们是协调不起来的。等他们自己打起来，就顾不上追我们了。只要我们团结一致，同甘共苦，就会开创新局面，取得新胜利。"

大家望着朱德，看他那样平易近人，有问必答，而且讲的通俗易懂，句句在理，就不断地向他提出问题：

"有枪，没有子弹怎么办？"

"给养怎样解决？人总是要吃饭的呀！"

……

朱德仔细听着每个人的提问，一一作了回答。然后又分析了当时的形势和革命前途，足足讲了一个多小时。他的分析精

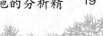

辟，令人信服，使大家在黑暗中看到了光明，在困难中认清了方向，受到鼓舞，增强了信心。30年后，当解放军政治学院的负责同志问到这次使人终生难忘的讲话时，朱德却非常谦虚地说：

"有这么一回事。但你们不要把它当作我一个人的功劳，应当把它看作是集体的智慧，看作是党的领导，那时我所讲的，也并不是我个人独到的见解，而是革命的经验。在当时情况下，需要用马克思列宁主义来分析革命形势，指出革命是有前途，有出路的。只有这样，才能坚定大家的革命意志。"

全国胜利以后，陈毅回忆起这一段历史时，曾无限感慨地说：

"人们听了总司令的讲话，逐渐坚定了，看到了光明前途。当时，如果没有总司令的领导，这个部队肯定地说是会垮光的。"

中国革命正像朱德预言的那样，经过艰难曲折的道路，终于胜利了。中国迎来了"1917年"。他的话变成了现实。天心圩那次震撼人心的动员，将永远镌刻在革命史册上，回响在人们的心里。"要继续革命的，跟我走！"那昂扬的声音，永远激励着革命者奋勇前进。

（刘学民）

"革命纪律是铁面无私的"

1927 年 10 月下旬，南昌起义军余部八百人，在朱德和陈毅的率领下，甩掉了尾追的敌人，来到信丰。

早在半个月前，就传开了：

"南昌起义军要打信丰了！"

消息传来，贪官污吏都逃之夭夭。起义军开到信丰城时，城门大开着，没放一枪一弹就进了城。

信丰是赣南山区的一座小城，没有经过什么战乱，城市生活一切照常，商店、饭馆、钱庄、当铺都开张营业。

起义军经过长途征战，饥寒交迫，没有喘息的机会。进入信丰后，一些来自旧军队的不良分子，就胡作非为起来。有的钻进饭馆里大吃大喝，吃完了把嘴一抹就走。人家要钱时，他们把枪口对着人家，说：

"跟它要，枪膛里金银元宝、袁大头，样样都有呀！"

还有的闯进当铺，把手榴弹往柜台上一放，故意把导火索拉出来，说：

"老板，秤秤有多重？当几个零花钱！"

老板吓得魂不附体，他们趁机一哄而上，抢钱的抢钱，抢东西的抢东西。

朱德得到报告之后，立即让陈毅去紧急处理。

陈毅下令吹号紧急集合。他带领部队仓促跑出城外二十多里，来到一个小山坳。朱德也飞马赶到。

21

陈毅站在一个小山坡上发出整队的口令，朱德应声站到排头兵的位置，王尔琢站在第二名，八百多人站在那里。

朱德、王尔琢等把队伍整理完毕，来到山坡上和陈毅作了短暂商量后，由陈毅宣布对哄抢当铺事件的处置决定。当场查明带头肇事的三名主犯，立即执行枪决。陈毅双眼紧盯着队伍里那些行为不轨的不良分子，有的手里还提着抢来的东西，有的口袋里塞得鼓鼓囊囊的……再也看不下去了。他强抑着愤怒说道：

"我的同志哥，我们是革命的队伍，是人民的武装。我们的政策是保护人民的生命财产，同时也要保护城镇的工商业。你们还记得贺龙总指挥在南下途中颁发的布告吗？我可以背给大家听听：'对于商界同胞，买卖尤属公平。士兵如有骚动，准其捆送来营，本军纪律森严，重惩决不姑徇……'可是，在我们这里，有人胆大包天，竟敢玩忽军纪，光天化日之下，公开抢劫当铺。这哪里是革命战士，简直像土匪一样！"

他向队伍走近了几步，语重心长地说：

"我们是共产党领导的革命武装，不是军阀部队，也不是国民党的部队。我们要有铁一般的纪律，有了这样的纪律，人民才会拥护我们，革命才能胜利。否则，我们一刻也难以生存，请同志们好好想想！"

"我们要以朱军长为榜样。他不屑高官厚禄，1922年加入共产党，投身革命……他目光远大，意志坚定。在革命受到挫折的时候，许多师长团长丢下部队，自谋出路去了，唯独他不走。他坚信这支队伍一定会发展，革命一定会成功。我相信大家跟着朱军长，革命一定会胜利！"

从队列里爆发出了："拥护朱军长！"、"跟着朱军长干革命！"的口号。那些违犯了纪律参加哄抢的士兵，一个个低下头，悔恨自己做错了事，红着脸把抢来的东西当场交了出来。

朱德开始讲话。他说：

"我完全赞成陈毅同志的处理。我只讲一点，革命离不开纪律。革命纪律是铁面无私的，如果我朱德违犯了纪律，大家同样可以拿我问罪。革命军队的纪律是铁的纪律！"

起义军迈着整齐的步伐出发了。朱德、陈毅、王尔琢带着这支部队踏上了新的征途。

（刘学民）

柳暗花明

　　1927 年 10 月，南昌起义军余部转战到赣南的山区崇义上堡。在这里进行了"赣南三整"中的最后一整——上堡整训。

　　"赣南三整"后，加强了党的领导，稳定了军心，提高了士气。但是，部队仍面临着极端困难，特别是给养和弹药无法解决。当时，已届寒冬，起义军的官兵仍穿着单衣，有的甚至还穿着短裤，打着赤脚，连双草鞋都没有；无法筹措粮食，官兵常饿着肚子；没有药，伤病员得不到治疗；部队的枪支、弹药无法补充，战斗力越来越弱。如何克服这些困难，巩固部队，保存这支革命部队，就成了一个亟待解决的问题。

　　11 月初的一天，朱德从敌人的报纸上看到国民革命军第十六军移防到郴州、宣章、汝城一带的消息，喜出望外。他同陈毅商量后，就给十六军军长范石生写了一封信，希望能合作，结成反蒋统一战线。

　　范石生是朱德在云南陆军讲武堂时的同班同学，交往甚密，曾结拜为兄弟，并一起秘密参加了同盟会，一起参加了昆明重九起义、护国讨袁战争。后来，范石生成了滇军的高级将领，在讨伐陈炯明叛变中，建立了功勋，被委任为滇军第二军军长，授上将军衔。1926 年，滇军改编为国民革命军第十六军时，他仍任军长。范石生同粤系、桂系军阀均有矛盾，同蒋介石的矛盾更为尖锐。所以，他很想找个盟友，进可同蒋介石对抗，退可杀回云南去，重振滇军。当他得知南昌起义军失利，朱德正率领一支部队转战在赣南时，曾几次派人秘密寻访，以便联络。

半个月后，朱德收到范石生的复信说：

"春城一别，匆匆数载。兄怀救国救民大志，远渡重洋，寻求兴邦立国之道。而南昌一举，世人瞩目，弟感佩良深。今虽暂处逆境之中，然中原逐鹿，各方崛起，鹿死谁手，仍未可知。来信所论诸点，愚意可行，弟当勉力为助。兄若再起东山，则来日前程不可量矣！弟今寄人篱下，终非久计，正欲与兄共商良策，以谋自强。希即枉驾汝城，到日唯（十六军四十七师师长）处一晤。专此恭候。"

朱德向陈毅、王尔琢介绍了范石生的情况，又分析了当时的形势，认为同范石生合作是必要的，也是可能的，有利于隐蔽目标，积蓄力量，待机发展。朱德还向全体党员讲明了同范石生合作的意义和目的，大家经过热烈讨论，统一了认识，同意在原建制不变，保证组织上独立，政治上自主，军事上自由的前提下同范石生合作。

朱德受党组织委托，从崇义上堡出发，去湘南汝城，同曾日唯谈判时，提出了三个条件：

"我们是共产党的队伍，党什么时候叫我们走，我们就什么时候走；给我们物资补充，完全由我们支配；我们内部组织和训练工作等，完全照我们的决定办，不得进行干涉。"

经过协商达成一致协议：（一）同意朱德提出的部队编制、组织不变，要走随时可走的原则；（二）起义军改用十六军四十七师一四〇团的番号，隐蔽起来，朱德化名王楷，任四十师副师长兼一四〇团团长，后又加委为十六军总参议；（三）按一个团的编制，先发一个月的薪饷，立即发放弹药、被装。

起义军用一四〇团的番号隐蔽后，很快就移防到广东韶关

25

的犁铺头，开始新的整训。

我党和范石生的统战关系由来已久。在 1926 年，范部改编为十六军时，周恩来就通过黄埔军校的政治教官王懋庭把共产党员派到十六军，组成了政治部。"四一二"以后，各部队"奉命清党"，范石生阳奉阴违，搁置不理。所以，十六军内一直保存有共产党秘密组织。起义军南下时，周恩来还给朱德写了组织介绍信，以备和范部联络时，与党组织接上关系。

朱德和十六军的党的秘密组织接上关系后，很快成立中国共产党的十六军军委，陈毅为书记。

1928 年初，蒋介石得知南昌起义军余部隐蔽在十六军里，非常恼火。他立即下令，要范石生解除起义军的武装，逮捕朱德。同时，密令方鼎英部从湖南进入粤北，监视起义军和范石生的动向。

范石生接到蒋介石的密电后，虽然惊恐，但他信守协议，不忘旧谊，立即写信，派秘书杨昌龄前往犁铺头，把这消息告诉朱德，劝他迅速离开，他在给朱德的信上说：

"孰能一之？不嗜杀人者能一之。最后胜利是你们的，现在我是爱莫能助……"

在这万分紧急的情况下，朱德当机立断，撤出犁铺头，辗转北上，开赴湘南，在当地党组织的密切配合下，发动了湘南起义。

后来，陈毅在给中共中央的一个报告中还说："曾与范石生有一时期合作，得范之补充。保存了南昌起义的革命火种，壮大了队伍。"

（刘学民）

智取宜章

三九隆冬，大雪纷飞。

在岭南大瑶山的林海里，行进着一支威武的部队。透过漫天飞舞的风雪，可以看到一面作为前导的军旗随风飘扬，上面直书着：

国民革命军第一四〇团。

谁能想到这支从头到脚全新装备的国民革命军，会是朱德领导的南昌起义军余部呢？在潮汕失利后，他们经过"赣南三整"，重整旗鼓，同国民革命军中的滇军将领范石生结成反蒋统一战线，隐蔽在十六军里。朱德化名王楷，部队用一四〇团的番号掩护起来，在广东韶关的犁铺头，休整待机，准备再举义旗。不料，有人告密。1928年元旦，蒋介石发下密令，要范石生逮捕朱德，就地解决这支部队。范石生以友情为重，信守协议，立即转告朱德率部离去。

朱德原计划按广东北江特委意见，去东江同广州起义的余部汇合。部队开到仁化后，发现国民党方面的十三军已截断去路。朱德当机立断，挥师北上，去实现他那酝酿已久的湘南暴动计划。

1月6日，部队冒着岭南山区少有的鹅毛大雪，来到乐昌县的杨家寨子。部队刚刚住下，宜章县委书记胡世俭赶来了。对朱德说：

"湘南特委和宜章县委派我来向朱军长汇报情况。"

"要得！你这是雪中送炭，来得正是时候，我们现在需要的就是情况。"

朱德、陈毅、王尔琢、蔡协民、胡少海等聚精会神地听胡世俭的汇报。他首先介绍了宜章人民的革命史，然后又汇报了敌情。汇报一结束，朱德对大家说：

"大家谈谈吧，看湘南暴动这把火，怎样从宜章点起来？"

屋里静悄悄，大家相对无言，把目光不约而同地射向了胡少海。从同志们的眼神中可以看出，是期待着他发言。

胡少海，又名胡鳌，出身宜章富户，兄弟六人，他排行老五，乡邻们称他为"五少爷"。他从小上学读书，受进步思想影响，毅然背叛家庭，投身于民主革命，在东征军程潜部当营长。"四一二"以后，蒋介石疯狂屠杀共产党人，他也遭到怀疑。他便带领一部分湖南籍士兵离开部队，躲到杨家寨子，以贩马生意作掩护，领着一支农民武装打富济贫，秘密进行革命活动。以后，和中共宜章县委的杨子达、高静山取得联系，在党的领导下开展活动。

胡少海沉思片刻后，站起来说：

"报告军长！少海生在宜章，长在宜章，对宜章了如指掌，邝镜明的民团只有四五百人，不堪一击。请军长给我两个连，冲进城去，杀他个片甲不留。"

在座的不少人对胡少海这种主动请战、敢打头阵的精神，十分钦佩，频频点头。

朱德没有正面否定这个意见，而是以大将风度循循善诱：

"孙子曰：'兵者，国之大事，死生之地，存亡之道，不可不察也。'打仗要有勇，更要有谋。同敌人斗勇，还要斗智。要以小的代价，换取大的胜利。湘南暴动的第一仗，一定要打好。大家讲讲自己的意见。"

"宜章是座石头城，易守难攻。硬攻，伤亡大；久攻不下，敌人会来援救。关键是迅速解决战斗，拿下宜章。"胡世俭一说，大家七嘴八舌议论开了。

"最好来个'引蛇出洞'，用小部队把敌人引出来，然后消灭之。"

"我们急速进军，兵临城下，把宜章围个水泄不通，令其限期投降！"

"派一支小分队，扮成赶坪的群众，混进城去，来个里应外合！"

大家献计献策，议论纷纷。正在地上踱来踱去的朱德，听到这里，突然止步，环顾大家说：

"同志们，宜章没有正规军驻防，五百民团是一群乌合之众，'杀鸡焉用牛刀'？依我看，可以智取。"

大家听到这里，震惊了，都用惊奇的眼光望着朱德。他不慌不忙地扳起指头，一连向大家讲了四个有利条件：

"一是军阀正在混战，蒋介石和唐生智还在湖北酣战，湘南地区敌人势力较弱。二是正值年关，地主、豪绅逼债更甚，同贫苦农民的矛盾更尖锐。三是我们部队经过补充和休整，战斗力大大提高。四是胡少海同志未公开参加过本乡本土的斗争，身份没有暴露。"

"要得！军长是说宜章不必强攻，可以智取了。我看要得！"陈毅拍手叫好。然后，他走到胡少海身旁，拍着他的肩膀，风趣地说：

"这一回，要借重你五少爷的胆略和大名了！可不是让你去冲锋陷阵。"

"对头！还是陈毅同志深知我意。我们这出戏就叫'智取宜章'，请少海同志唱主角了！"

胡少海当即起立表示：

"胡少海若有可用之处，任凭军长调遣。赴汤蹈火，在所

29

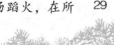

不辞!"

一个智取宜章的方案定下了。

1月10日凌晨，胡少海以一四〇团团副的身份，带着两连挑选好的人马，直奔宜章。县长杨孝斌等闻讯，出城迎接，嘴里还念念有词：

"胡团座荣归故里，名在宜章，功在党国。本县守土无方，望多加指教!"

胡少海入城后，张贴布告："本团奉国民革命军第十六军范军长之命，进驻宜章，扼守城池。"同时，给朱德送去一封密信：

"弟平安抵达，盼兄如期归来，合家团圆辞旧迎新，共度佳节。少海手书。"

这就是说，一切都很顺利，可按原计划进行。

第二天，正午过后，朱德带着部队，在一片欢迎声中，威风凛凛地开进了宜章城。

朱德问胡少海：

"宴请各界的事，安排得如何了?"

"杨孝斌死活不同意，说不能反主为宾。王团座大驾一到，就为各位接风洗尘。刚才还说，今晚就宴请大家。"胡少海说。

朱德听到这里，笑着说：

"这也好! 我们就来个顺水推舟，借水行船吧!"

傍晚，县参议会的明伦堂里，灯火通明，杯觥交错，喧闹非凡。新上任的县太爷杨孝斌颤颤巍巍地站起来，像念经似的，一字一板致完欢迎词，端起一杯酒，在众人面前绕了一个圈，说：

"各位，请举起杯来，陪王团座干了这一杯!"，

顿时，在座的各位伸长了胳膊，举着杯子站起来，一阵

嚷嚷：

"王团座劳苦功高！"

"祝王团座官运亨通！"

"请王团座干了这一杯！"

席间，传来一声长叫：

"鱼，来啦——"大厅里闪进一个头包蓝色头巾的"跑堂"的。他左手举着一个红木托盘来到桌前。只见一条尺把长的鲤鱼，放在一个硕大的银盘里。这是可以行动的信号。

突然间，朱德起立，举杯掷地。随着"咣啷"一声，门外立即闯进十个战士，个个拔出手枪，虎目圆睁，将宴席团团围住。达官贵人们，哪里见过这种阵势，一见枪口对着自己，早已慌作一团。杨孝斌吓得直打哆嗦，还故作镇静地赔着笑脸说：

"本县——招待——不周，失礼之处，还望海涵！有话好说，好商量。二位团座，不必动气！"

朱德一拍桌子，厉声宣布：

"我们是中国工农革命军。你们这些贪官污吏、土豪劣绅，作威作福，糟蹋乡里，反对革命，屠杀工农，十恶不赦，是劳苦大众的罪人。现在，把你们通通抓起来，听候公审！"

在同一时间里，陈毅、王尔琢以迅雷不及掩耳之势，带领部队解决了团防局和警察局，俘虏四百多人，缴获步枪三百五十一支、驳壳枪十支。朱德提出的不费一枪一弹智取宜章的计划，如期实现了。

智取宜章的胜利，揭开了湘南暴动的序幕！

（刘学民）

痛打许克祥

朱德在宜章发动湘南起义，消息不胫而走，很快传到蒋介石的耳朵里，他恼火极了，先是臭骂一通范石生，说他"私通共党，放虎归山"，接着就密令许克祥带领二十四师全部人马，从韶关北上，去扑灭湘南暴动的烈火。

许克祥，这个"马日事变"的刽子手，接到命令后，得意洋洋地吹牛皮说：

"老子用六个团同朱德的一个团较量，吃掉他，绰绰有余！"他哪里知道高兴得未免太早了。

智取宜章后，朱德接受南昌起义没有同农民运动相结合而失败的教训，率部撤出宜章城，隐蔽在乡间农村，一面发动群众，一面休整队伍，以逸待劳，准备迎接新的战斗。

一天，宜章县委派谭兴来向朱德、陈毅报告，说许克祥的先头部队已进入岩泉圩，后方设在广东乐昌县的坪石镇上。

听完谭兴的汇报，朱德对敌我双方的情况进行了分析："的确，敌人有不少优势，我们不能低估。他们兵力数倍于我，武器装备精良，后方实力雄厚。在这种敌强我弱的情况下，不可采取南昌起义后那种死打硬拼的打法，去同敌人拼消耗。应该有勇有谋，灵活机动，扬长避短，用游击战和正规战相结合的打法，去战胜敌人……"

大家同意朱德的意见，决定避实就虚，诱敌深入，寻找有利战机。

一听说要打许克祥，工农革命军的情绪十分高涨，四乡的农军也起来了，要求参加战斗。他们高唱着：

> 梭镖亮堂堂，
> 擒敌先擒王；
> 打倒蒋介石，
> 活捉许克祥。

"活捉许克祥，为'马日事变'死难烈士报仇!"成了最响亮的口号。

正当朱德、陈毅将工农革命军隐蔽在圣公坛时，许克祥将他的教导团和补充团丢在坪石，亲自带着两个主力团进到岩泉圩一带，另两个团从坪石至栗源堡，成一字长蛇阵摆开，搜寻工农革命军。但是，他天天收到的报告是"共军去向不明"、"朱德无影无踪"。许克祥半信半疑，但仍狂妄地叫嚷：

"量他也不敢同我许克祥较量!"

1月30日，朱德经过周密调查后，认为歼灭许克祥的条件已成熟：一是经过休整，战斗力增强，士气高涨；二是敌军连连扑空，士气锐减；三是许克祥阵成一线，首尾不相顾，便于各个击破。他同陈毅等连夜制定了作战方案：兵分两路，一路由熟悉地形的胡少海、谭兴带领，迂回敌后，切断敌人退路，阻击增援之敌；另一路由朱德、陈毅率领主力直捣岩泉圩，消灭许克祥的两个主力团。

许克祥做梦也没有想到，正在他牛皮吹破天的时候，工农革命军会从天而降。

31日的拂晓，"叭! 叭! 叭!"几声急促的枪声之后，一声呼啸，杀声雷动。工农革命军以迅雷不及掩耳之势，冲向岩泉圩。与此同时，胡少海、谭兴率领的另一路兵马，已插入敌

33

后，断了许克祥的退路。在前后夹击之下，许克祥腹背受伤，无法招架，急忙下令卫队，掩护他仓皇而逃。

攻下岩泉圩后，朱德就下令：

"乘胜追击，决不给许克祥喘息的机会！"

工农革命军两路汇成一路，集中兵力，以最快的速度杀向坪石。

坪石，是广东省最北的一个重镇。因地势险要，为历代兵家必争之地。

许克祥逃回坪石后，惊魂未定，朱德就带着工农革命军赶到了。他仓促应战，提着手枪驱赶着乱作一团的队伍，骂道：

"给老子快吹紧急集合号！"

"前面给老子顶住！哪个敢退却，老子就先毙了他！"

这时，八角楼方向枪声大作，而且越来越近，谁还听他的横骂，只顾自己逃命了。

工农革命军在朱德的指挥下，一进坪石，猛打猛冲，插入镇内，杀向敌群。许克祥这时才真正体会到了兵败如山倒的滋味，眼看着全军就要覆没，慌忙换上便装，跳上乐昌河边停的一只小船，逃命去了。

坪石大捷，战果辉煌。这次战斗，工农革命军主力不足两千，俘虏敌人一千余人。3里多长的坪石街上，到处都可看到敌人丢下的步枪、机枪、迫击炮和各种弹药、军用器材以及各种被装。光缴获的银元就挑了几十挑子。经过清点，缴获步枪2500余支，各种手枪100余支，重机枪10余挺，迫击炮和山炮30余门。朱德非常满意地说：

"这一仗打得好。抓了很多俘虏，把许克祥后方仓库的枪械全部缴获了。可以说，是许克祥帮我们起了家。"

群众送给许克祥一个雅号"许送枪"。还为他编了一首歌谣：

许克祥，不像样，
接二连三吃败仗；
师长不当，当队长，
专门运输炮和枪。
送来炮，送来枪，
送来光洋和被装；
不要收条，不记账，
真是慷慨又大方。

（刘学民）

打"虎"牵"羊"

1928年2月4日，朱德、陈毅率领工农革命军来到良田，准备攻打郴州。

郴州前面有个大铺桥，是进郴州的必经之地。据可靠消息，国民党35军军长何键派了一个最亲信的团长，带着两个营守在那里。其实这两个营组建不久，兵都是抓来的青年学生和贫苦农民。他们不仅没打过仗，多数还没听过几声枪响。

研究作战方案的会开得很热烈，有人主张突然袭击，一举全歼；也有人建议政治争取，迫使他们放下武器。两种意见互不相让，单等朱德最后拍板。

朱德沉思了许久之后，指着身边一把雕有"武松打虎"图案的太师椅问道：

"你们说，武松为啥子要打虎？"

"他不打虎，老虎就要伤他。"

"对头。"朱德对这个回答表示满意。

他又指着另一把雕有"苏武牧羊"图案的太师椅问道：

"苏武为啥子不打羊呢？"

这一发问引来了一阵笑声，大家争着说：

"羊又不咬人。"

"羊还有用。"

朱德因势利导：

"大铺桥这一仗，好比这两幅图案，有'虎'，也有

‘羊’。对那些反动军官，我们学武松，坚决地打，不然就过不了‘景阳冈’。对那些‘迷途的羔羊’，我们学苏武，耐心地把他们牵过来。"

陈毅在一旁越听越觉得朱德讲得生动深刻，他一拍桌子站起来：

"讲得对头。这是我们朱军长的虎略龙韬，我陈毅举双手赞成！大家同意不同意？"

"同意！"大家心悦诚服地接受了朱德的意见，制订了"打虎牵羊"的具体方案。

当天下午，工农革命军由当地农军带路，秘密接近了大铺桥。突然，一阵枪响，吓得何键抓来的学生兵魂飞天外，伏在堑壕里动也不敢动。不一会儿，传来工农革命军的喊话声：

"弟兄们，我们是工农革命军，是穷人的队伍，你们不要怕！"

"穷人不打穷人，士兵不打士兵，欢迎你们放下武器参加革命！"

敌团长一听这动摇军心的喊话，觉得它们简直像一发发炮弹在爆炸。他急忙提着手枪，威胁那些学生兵：

"给老子快还击！哪个不开枪，老子就毙了他！"

在督战下，学生兵开枪了。

顿时，工农革命军的步枪、机枪一齐开火，各种子弹一齐飞向敌人阵地，只是都打在了空地和沟坎上。这是因为在打响前，朱德曾反复叮咛过，对学生兵要保护，要把他们争取到革命方面来。

敌团长一看工农革命军的子弹没有击中，就更加猖狂了。

"共产党的枪都是破枪，打不中，不要怕！"说着，他掂着手枪冲向前沿阵地，破口大骂：

"哪个怕死鬼，不给老子还击，就先尝尝老子的厉害！"

举枪打死了一个哆嗦不止的学生兵。

这时，一阵排枪雨点般地落在敌人阵地上，敌团长被击中滚下水沟里去了。"虎"被打死，"羊群"大乱。几个习猾的敌军官，看着团长一命呜呼，都慌忙钻进旁边的竹林，逃命去了。说也正巧，突然飞来两发炮弹，不偏不倚地在竹林里爆炸了。那几个逃命的军官，死的死，伤的伤，活着的也在喊爹叫娘，乱作一团。

朱德下令吹起了冲锋号，工农革命军的战士跃身而起，冲向敌群，包围圈越缩越小，除一小部分逃散外，大部分放下武器投降了。

后来，朱德把愿意留下参加革命的学生兵，送到宜章的教导队去学习军事和政治，把他们培养成了真正的革命军人。1937年，朱德同美国著名的记者史沫特莱谈起这件往事时，说：

"今天，他们当中的许多人，已经成为部队的重要军政干部了。"

（刘学民）

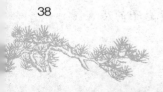

金蝉脱壳

朱德率领工农革命军第一师主力，从郴州出发，浩浩荡荡向耒阳挺进。敌人望风而逃，一路没有遇到抵抗。

工农革命军一靠近耒阳附近的罐子场，突然冒出了一股敌人，还没有弄清是哪路"好汉"，就接上了火。敌人虽然不多，但火力很强，先放枪，后打炮，猛向工农革命军轰了一阵子。朱德一看来者不善，一面派人去四处侦察敌情，一面组织部队反击，实行左右包抄，很快就把这股敌人打垮了，攻占了罐子场。

从俘虏口中得知，原来是拥护汪精卫的唐生智被效忠蒋介石的李宗仁打败了。李宗仁手下的大将白崇禧已经打到了衡阳。刚才那一股敌人正是白崇禧的部队。

罐子场，是湘粤大道旁的一个镇子，镇子上，有几条自然形成的街道，住着百十户人家，是个小小的圩场。初一、十五逢圩时，还很热闹。传说，很久以前，这里因出产陶罐而远近闻名，所以叫罐子场，以后又叫罐子街。当今已改名为冠市街了。

战斗结束后，部队开进罐子场。朱德传下命令：

"各部加强警戒，抓紧休息。天黑前，镇上只留下一个小分队，其余全部撤到后面山上，隐蔽待机。"

"刚打进来，还没住下，又要撤走？"

"敌人都打跑了，我们还撤出去干什么？"

"不如在这里美美睡上一觉，天亮了再撤。"

……

官兵们议论纷纷，不解其意。打垮了敌人，打了胜仗，还要撤退，实在想不通，放着房子不住，又要到野外去露宿，更觉有些"霉气"。

军令如山。意见归意见，命令还得执行。

工农革命军的主力，刚刚撤到后山隐蔽下来，白崇禧的部队就反扑回来了。从东面慢慢搜索着，摸进了罐子场。偶尔放上两枪，搞点火力侦察。潜伏在罐子场里的小分队，有的在房顶上，有的在街巷里，奉命不准还击，一枪未发。敌人眼看无人还击，胆子越来越大。先是猫着腰，提着枪，搜索前进，到后来干脆大摇大摆地走向罐子场。

也真凑巧。唐生智的得力干将何键的队伍，也不知从哪得到了消息，说朱德要打耒阳和衡阳，大队人马已经到了罐子场。他们就从西面赶来，想拣点便宜。快到罐子场的时候，听到了稀疏的枪声，更是坚信不疑了，认定是工农革命军和当地的民团打起来了。但是，何键部队里的那些当官的，都知道朱德带的这支部队可不一般，而且正是当年北伐军中赫赫有名的"叶挺独立团"，因此没敢轻举妄动，冒冒失失冲进罐子场去。他们呆在镇子外面，一面打黑枪，一面观动静。

侦察员回来向朱德报告说：

"西面的敌人进到罐子场外面，停下来不动了。"

"不要着急。不动是暂时的。终究他们是要动的。这是由不得他们的。"

朱德觉得时机已到，立即向小分队下达了撤出的命令。

小分队按照预定方案，在撤出前，向东西两股敌人进行了猛烈射击，"噼哩啪啦"打得敌人不知所措。当敌人开始还击后，小分队便立即偃旗息鼓，迅速撤出战斗，向后山的主力部队靠拢。

罐子场的上空，硝烟滚滚升起，夜幕徐徐落下。小分队无一伤亡，在神不知鬼不觉中撤出罐子场。东西两股敌人拼命厮杀起来，在黑暗中，他们都把对手当成了工农革命军，都想占点便宜，好向上级领赏。

工农革命军站在山顶上，看着罐子场上空火光冲天，都高兴地拍手欢呼朱军长的"金蝉脱壳"计实在好。枪声炮声在那无边的黑夜里直响到天明。双方一在激烈的巷战中，借着黎明的光亮才弄清了，他们是"大水冲了龙王庙，自家人不识自家人"。

（刘学民）

"要对得起祖先与后代"

"朱德要打耒阳了！"

消息不胫而走。驻守在耒阳城里的正规军撤回了衡阳，达官、贵人和土豪劣绅能跑的都跑了，连耒阳县的县长大人也开溜了。剩下的几个官吏和豪绅，打出一面"维持委员会"的破旗，梦想靠着挨户团的300人来维持残局。

2月16日凌晨，工农革命军占领了灶头街后，朱德听取了耒阳县委的汇报，经过周密研究定下了攻打耒阳的计划。决定以一个连队配合当地农军攻打耒阳。县委的邓宗海、刘泰带领十几个农军装扮成农民混进城去，里应外合，夺取耒阳。

行动前，朱德对参加会议的干部说：

"这是个完整的战斗计划，部队与农军密切配合，发挥各自的特长，迅速拿下耒阳，以减少不必要的伤亡。"他还特别对部队的干部叮咛：

"回去要好好向攻城部队作动员。战斗中，对于顽抗的敌人，要坚决消灭；对人民群众的生命财产，要坚决保护。这样才对得起祖先，才对得起后代。我们中国是个文明古国，你们知道历史上的'四大发明'是啥子？"

大家面面相觑，有点丈二和尚摸不着头脑的感觉，弄不清朱军长在战前动员的此时此刻，为何提出这样的问题。

突然，有人回答道：

"火药、指南针、造纸和印刷术。"

"对头。讲得非常正确。你们可知道总结了劳动人民的造纸经验，造出了'蔡伦纸'的蔡伦吗？相传他就是耒阳人呀！这就是他的家乡。据说，而今耒阳城里就有蔡侯祠、蔡伦墓和当年造纸用的蔡伦池。耒阳还有大诗人杜甫的杜公祠……这些代表我们中华民族的悠久历史和伟大创造精神的文物古迹，一定要倍加保护。"

这时，几位生长在耒阳的县委领导人，听着朱德讲起耒阳的古迹名胜，如数家珍，说得那样亲切，再也按捺不住敬佩之情，不停地鼓起掌来。

"要得。耒阳的同志首先表示支持我的意见。希望大家要认真保护我们祖先留下来的文物古迹！"

朱德风趣的话语，引来满屋朗朗笑声和热烈掌声。

东方微明，攻打耒阳的战斗开始了。"叭！叭！叭！"三声清脆的枪声过后，攻城部队和农军在城里埋伏的农军配合下，按照朱军长的部署，很快夺下耒阳城，一切文物古迹完好无损。

（刘学民）

会师井冈山

    1928 年的春天，工农起义的烈火燃遍了湘南大地，有七个已建立了苏维埃政权，还成立了湘南苏维埃政府。就在这欢庆胜利的日子里，突然乌云翻滚，湘南起义后的一派大好形势，被湖南省委"左"的乱烧乱杀政策给断送了。一部分群众产生了恐惧心理，远离了革命。这时，粤、桂、湘军阀间的狗咬狗战争，也刚刚结束，他们调转头勾结起来，扼杀革命，从南、北、西三面，对湘南实行"联合会剿"。

    在这种严重的形势下，朱德当机立断，为了保存革命力量，避免在不利条件下同敌人决战，决定留下部分地方武装，在湘南坚持斗争外，主力部队和新建的农军都撤出湘南，向井冈山转移，去同毛泽东会合。

    其实，这两支革命部队早有联系。毛泽东在井冈山建立革命根据地的消息，1927 年 11 月，朱德在江西崇义山区的上堡整训时就知道了。当时，他就派原在二十五师政治部工作的毛泽覃（毛泽东的胞弟），上井冈山同毛泽东联系。后来，张子清、伍中豪带着秋收起义部队的三营，在江西上饶一带和南昌起义军余部会合了。当何长工下山寻找南昌起义军余部时，在广东韶关的犁铺头找到了朱德。临别时，朱德说：

    "今后，我们这两支部队要经常联系，将来要集中在一起，力量就更大了！

    久久盼望的一天，终于来到了。

4月下旬，朱德、陈毅率领着起义军主力工农革命军第一师和湖南农军一万余人，来到江西宁冈的砻市。这时，毛泽东正率领着秋收起义部队在桂东、郴县一带阻击尾随而来的敌人，掩护朱德率部向井冈山地区靠拢。

　　4月28日，毛泽东率领着秋收起义部队返回了砻市。

　　朱德和陈毅已等候在龙江书院，当毛泽东来到时，他们迎出门外。毛泽东走近龙江书院时，早把手伸了出来；朱德也抢前几步，同样伸出手来，他们紧紧握在一起。

　　毛泽东以祝贺的口吻说：

　　"这次湘赣两省的敌人竟然没有整倒你们！"

　　朱德非常感激地说：

　　"我们转移得快，也全靠你们掩护了！"

　　第二天，在龙江书院的文星阁召开了两支部队的连以上干部会议。会议讨论通过了建立中国工农革命军第四军等一系列重大问题，并决定在纪念"五四运动"九周年的日子里，在砻市召开群众大会，热烈庆祝毛泽东领导的秋收起义部队同朱德领导的南昌起义部队胜利会师。

　　那天，山明水秀的砻市，格外的热闹。天刚亮，人们就从四面八方涌向砻市。会场就设在龙江边的沙洲上，用几十只禾桶和门板搭起的主席台上，还有用竹竿和席子撑起的凉篷。主席台的两边挂着许多彩旗和标语。战士们迈着整齐的步伐走进会场，宁冈、遂川、永新、郴县等地的农民群众，扛着梭镖，举着红旗和标语小旗，一个接一个地走进会场，兴高采烈地来参加庆祝会师大会。欢声笑语，汇成了欢乐的海洋。

　　上午10时左右，毛泽东、朱德、陈毅、王尔琢和根据地党政军各方面的代表登上主席台，陈毅首先宣布庆祝大会开始，成百名司号员一同奏起庄严的军乐。这时，鞭炮齐鸣，不绝于耳。

陈毅宣布了红四军军委的决定，两军会合后，改编为中国工农革命军第四军，军长为朱德，党代表为毛泽东，参谋长为王尔琢，政治部主任为陈毅。部队编成三个师九个团。

接着，就请朱德讲话。他在一片热烈的掌声中，走到主席台前，说：

"我们党领导的两支革命武装的汇合，意味着中国革命的新起点。参加这次胜利会师大会的同志一定都很高兴。可是，敌人却在那里难过。那么，就让敌人难过吧。我们不能照顾他们的情绪，我们将来还要彻底消灭他们呢！这次胜利会师，我们的力量大了，又有井冈山作为根据地，我们就可以不断地打击敌人，不断地发展革命……"最后，他希望两支部队会师以后，加强团结，提高战斗力。他还向群众保证，工农革命军一定要保卫红色根据地，保护群众的利益。他那满怀信心和幽默的讲话，不断被热烈的掌声打断。

接着，毛泽东讲话。他指出了这次会师的历史意义，同时非常乐观地分析了会师后的光明前途，他的讲话，非常风趣，讲得大家心花怒放，信心倍增。

四军参谋长王尔琢讲了搞好军民关系的问题。各个方面的代表，也在大会上相继讲了话，大家都热烈祝贺两军胜利会师。

5月25日，中共中央发布了《军事工作大纲》，规定"在割据区域新建立之军队，可正式定名为红军，取消以前工农革命军名义"。从此，中国工农革命军第四军改称为中国工农红军第四军，简称红四军。

井冈山合师，使毛泽东、朱德分别领导的两支具有北伐战争光荣传统的起义部队聚集在一起，创建了中国工农红军，大大增强了井冈山革命根据地的军事力量，开创了井冈山斗争的全盛时期，对红军的建设和革命根据地的发展，具有重大历史意义。

朱德为了纪念这一具有伟大的历史意义的事件，曾写下了不朽的诗篇《红军会师井冈山》：

红军会萃井冈山，
主力形成在此间。
领导有方在百炼，
人民专政靠兵权。

（刘学民）

打败江西两只"羊"

江西敌人连续两次发动对井冈山革命根据地的"进剿"，连遭失败，但并不甘心。在1928年2月上旬，又发动了更大规模的第四次"进剿"。

这次"进剿"的主力，是江西的两只"羊"，就是朱培德手下的两个姓杨的师长：一个是国民党第四师师长杨池生，一个是国民党第27师师长杨如轩。他们原来都是滇军，后来投靠了蒋介石。部队装备好，受过正规训练，战斗力较强。杨池生的师里有个团长叫李文彬的，非常狡猾，打起仗来还有些套套，不好对付。

毛泽东和朱德得知敌人第四次"进剿"的动向后，在宁冈召开了军事会议，定下了"对湘敌取守势，对赣敌取攻势"的作战方针，计划采取声东击西的战术，主动出击鄂县，既牵制湘敌不敢妄动，又引诱赣敌出洞，便于红军调转头来歼灭之。会后，毛泽东带着31团，从茅坪出发，经大陇进入鄂县的十都；朱德、陈毅率28团和29团由茅坪的西南进入鄂县的十都，同31团会合后，击溃了吴尚的一个团，乘胜占领了鄂县城。

杨池生和杨如轩得知红军主力进入湖南占领鄂县的消息后，得意忘形，认为有机可乘，立即向根据地进攻。杨如轩因为在草市坳打了败仗，这次"进剿"改由杨池生的第9师为主，他还担任了总指挥。杨如轩担任了前线指挥，带着他的

27师的三个团，从白口沿着老七溪岭进攻；另一路是杨池生的两个团，由李文梆指挥，由龙源口沿新七溪岭进攻，还留下两个团作为后卫，以防万一。他认为采用这种"分进合击"的战术，向根据地推进，可以稳操胜券。

红军得到敌人从永新出动的消息后，毛泽东、朱德、陈毅立即率领主力回师宁冈。

22日，在宁冈新城，陈毅主持召开了军事会议，决定兵分两路，一路找敌人的正面，一路打敌人的背后。朱德说："新七溪岭是杨池生的主力，由我率29团截击敌人。而由陈毅、王尔琢率28团主攻，出击老七溪岭敌人的后背。"

23日，按照部署，朱德带着29团和31团一营，占领了新七溪岭的有利地形，阻击杨池生师的李文彬团，王尔琢带着28团赶往老七溪岭，迎击杨如轩部的两个团；袁文才带着32团一部和永新的赤卫大队，在武功潭一带侧击敌人。

新七溪岭，是永新经龙源口通往宁冈的要道，山高路险，林木丛生，十分险要，29团在团长胡少海的带领之下，遵照朱德的命令，首先抢占了新七溪岭的制高点望月亭一带。不久，敌人在李文彬的指挥下，号叫着向望月亭冲来。29团的士兵坚守在阵地上，敌人凭着他们武器精良和弹药充足，逐渐占了优势，抢占了红军的前沿阵地风车口。后来，31团一营赶来支援，才扭转了局势。

在战斗最激烈的时候，突然传来了喊声："坚决把敌人顶回去！决不能让他们前进一步！"

随着这一声呐喊，只见朱德军长提着一挺花机关枪（冲锋枪），带着三个警卫员从望月亭上冲下来。他一到阵地前沿，端起花机关枪，对准风车口的敌人猛烈扫射起来。

俗话说"兵随将领，草随风"，一点不假。红军战士在朱军长大无畏的精神鼓舞下，勇气倍增，从阵地上跃起，奋不顾

49

身地冲向敌阵。敌人顶不住了，一窝蜂似的向山下跑去。

朱军长大喝一声：

"冲啊！夺回风车口！"短短的几分钟，就夺回了风车口。

在老七溪岭方向，杨如轩带着他的25团和26团，一大早就抢占了百步墩。当我28团赶到时，已处于极为不利的地形，他们在王尔琢的指挥下，多次发起攻击都未攻下。在这千钧一发之际，王尔琢当机立断，从部队中抽调班排长和党团员组成"敢死队"，由三营营长肖劲带领，趁敌人中午休息时，突然发起攻击。经过几个冲杀，终于拿下了百步亭，占领了制高点。肖劲同志不幸光荣战死。夺下百步亭后，不给敌人喘息的机会，红军战士猛打猛冲，一直把敌人赶到了龙源口。

正在新七溪岭上恋战的李文彬，听到红军夺下了老七溪岭、杨如轩的部队已溃不成军的消息后，慌了手脚，也准备逃命。朱德抓住这一有利时机，组织29团和31团一营，发起全面进攻。李文彬再无法招架，退向龙源口，夺路而逃。

埋伏在武功潭一带的32团和永新赤卫大队，在袁文才的带领下，知道新老七溪岭上的红军已经得手，趁势袭击了杨如轩的前线指挥部。杨如轩一看大势已去，匆匆爬上马背，向永新城里逃去，路上又被流弹击伤。

朱德带着新七溪岭上的红军，乘胜追击，在龙源口会同28团，把敌人团团围住。这时，埋伏在附近的数千名地方武装，也摇旗呐喊，投入战斗。敌人腹背受敌，军心瓦解，全线崩溃。

龙源口一仗，歼灭敌人一个整团，击溃敌人两个团，缴获步枪四百余支，重机枪一挺。取得了井冈山革命根据地创建以来最辉煌的胜利。红军歼灭了龙源口的敌军后，乘胜第三次占领了永新城，彻底粉碎了敌人对井冈山革命根据地的第四次"进剿"。当地群众为了欢庆龙源口大捷，还编了一首歌谣：

朱毛会师在井冈，
红军力量紧又强。
不费红军三分力，
打败江西两只"羊"。

（刘学民）

朱德的扁担

1928 年冬季，是红军在井冈山革命根据地最艰难的时期，湘赣两省的敌军正在策划对根据地进行新的反革命"会剿"。

井冈山本来人不过两千，粮不上万担，五千红军上山之后，吃饭就成了头等大事。特别在敌人的严密封锁之下，红军连红米饭、南瓜汤也难以维持了，常用清水煮野菜和竹笋充饥。眼下，为了粉碎敌人的"会剿"，保卫住井冈山革命根据地，前委作出一个决定：动员红军掀起一个群众性的挑粮上山运动。

挑粮上山，就是到盛产稻谷的宁冈去买粮，然后把粮挑回井冈山。这就得从红四军军部驻地桃寮出发，经黄洋界哨口，到宁冈以东的柏露村一带，往返一趟一百多华里。那时，井冈山上还没有公路，交通很不方便，一条盘山小路坑坑洼洼，高低不平，险峻之处十分陡峭。

当时，朱德已经四十多岁了。战士们看他为革命操劳，日渐消瘦，还同大家一起下山挑粮，实在于心不忍，都劝他不要去挑粮了，但他坚持同大伙一起下山挑粮。

一天，天刚透亮，去挑粮的人们便起来开饭。朱德昨晚处理了几个文件，直到深夜才和衣睡下。听到开饭的哨音，他起身来到饭场。警卫员追赶来对他说：

"军长，你一夜都没合眼了，今天就别去挑粮了。"

"谁说我一夜没睡，明明睡了嘛！去，一定要去！"朱德非常坚定地回答着。然后，盛了一碗红米饭，同几个战士围着一盆南瓜吃起来。

"就打了那么一小会儿盹，顶啥用！"警卫员还在那里嘟囔着。

"不能把军长累坏了。这回说什么也不能让他再去了！"另一个战士小声说。

"说说容易，谁能拦得住军长？"警卫员仍在那里撅着嘴。

"我倒有个主意。"一个鬼点子顶多的小战士说："咱们把他的扁担藏起来，他就去不成了！"

"对呀！这是个好主意。"警卫员笑了。他和那个小战士一起溜出了饭场。

朱德吃完饭，提着两只箩筐，怎么也找不见自己的扁担。他问警卫员：

"看见我的扁担嘛？"

警卫员直摇脑袋。朱德纳闷：怪了，刚才还在嘛！他走到战士当中，冲着大家喊道：

"谁拿错扁担了？谁把我的扁担拿跑了？"

大家都说不知道。那个出鬼点子的小战士躲在人群里捂着嘴儿笑。一会儿，又嚷嚷说：

"扁担丢了，今天就别去了呗！"

朱德找到军需处长范树德（范哲明），对他说：

"赶快给我搞一根扁担来，写上我的名字。不然，这个抄，那个拿的，到时候又找不到了。"

范树德作难了：扁担都拿去挑粮了，哪有多余的。后来，他同房东老大娘商量，花一个铜元，买下了一根老毛竹。砍倒后，一劈两半，做了两根扁担。一半留下自己用，一半给了朱军长，还特地在扁担上写下了"朱德扁担，不准乱拿"八个大字。

朱德拿到新扁担，看着上面写的字，高兴地笑了，冲着警卫员说：

"谁再乱拿我的扁担，我就不客气了，要狠狠地刮他的鼻子！"

警卫员们互相挤了挤眼，谁也没说什么。

朱德军长挑起箩筐，走进了挑粮队的行列。

从那以后，井冈山上，又多了一支歌，老人传给儿子，儿子传给孙子，一直唱到如今：

> 朱德挑粮上坳，
> 粮食绝对可靠。
> 大家齐心协力，
> 粉碎敌人"会剿"。

（刘学民）

朱军长写对联

在锣鼓和鞭炮声中，迎来了 1929 年元旦。

这是两支红军在井冈山革命根据地胜利会师后的第一个佳节，宁冈新城的军民格外高兴，家家张灯结彩，户户张贴对联，一派节日景象。

红四军军部门上的一副大对联，更是引人注目。大红纸上写着 28 个苍劲有力的大字。

上联：红军中官兵夫衣着薪饷一样；

下联：白军里将校尉饮食起居不同。

横联：官兵同乐。

红军官兵进进出出，望着这副对联，倍感亲切。因为这是朱德军长亲自挥毫写下的。讲起这副对联，还有一段来历。

那时，井冈山革命根据地的生活十分艰苦，五千多红军吃饭、穿衣都成了问题。从军长到士兵都一样，每天每人只有五分钱的油盐柴米钱，过着"红米饭，南瓜汤，秋茄子，味好香"的苦日子。朱军长白天讲战术，教刺杀，带着战士操练；夜里，他还在油灯下筹划着工作和战斗。司务长眼看着朱军长熬煎瘦了，眼睛深陷下去，颧骨高高隆起。他心里非常难过，觉得自己没尽到责任，一定得想法子给军长补养补养身子，可是，哪有钱哩！有了。他想起昨天刚发的伙食尾子，原打算攒起来捎给母亲治病的，现在派上了用场。他便买了几个鸡蛋，交给伙房，特地叮咛说：

55

"这些鸡蛋是给军长吃的，请好好炒一下！"

有个新来的伙夫，是从白军里起义过来的。他心里直犯嘀咕：昨天军长和我们发一样的"薪饷"，怎么今天就不一样了！我们喝南瓜汤，难道他也和白军的官长一样，开"小灶"不成？

这时，朱军长来到伙房，把毛巾包着的几个鸡蛋放在菜板上。新来的伙夫一看，心里明白了，忙开口说：

"长官！不，军长同志，司务长已给您买了鸡蛋，您何必还亲自去买呢！我给您炒炒，包您满意。"

朱德先是纳闷，后来笑了笑，问：

"司务长怎知道我要买鸡蛋呢？"

"他跟您多年了，还不能摸您的脾气！"

"噢！那就麻烦你了，把这几个鸡蛋煮熟了，趁热送给那几个受伤的战士吧！"

"啊！什么？……"新来的伙夫被搞糊涂了。刚才，司务长讲得明明白白，是把鸡蛋炒给军长吃的呀！

"司务长讲是把鸡蛋炒给您吃的。"新来的伙夫向朱军长解释着。

"什么？炒给我吃？快去把他找来。"

司务长见到朱军长，如实地说了是他掏钱买的鸡蛋，为给军长补补身子。

事情搞清了。朱德语重心长地说：

"我们是穷人的队伍，同白军有着本质的区别。从军长到士兵一律平等，生活都一样。"然后，他走到司务长身边，对他亲切地说：

"你的心意我领了。你整天为大家的生活操劳着，鸡蛋还是留给你自己加餐吧！"

"不。还是送给伤员同志吧！"

新来的伙夫这时才真正明白了，思想上的疙瘩解开了。热泪夺眶而出：

"朱军长，您真是位好长官！我要跟您干一辈子！"

朱德笑着说：

"我们要跟着共产党干一辈子！"

正在这时，军部直属队的战士来到伙房，对朱军长说，快过新年了，家家户户都在贴对联，请求军长写副对联，贴在军部的大门上。朱德微笑着，点头同意了。

不一会儿，战士们七手八脚搬来了一张大方桌，拿来了纸、笔、墨、砚，磨好墨后，朱德沉思片刻，挥毫自如地写下了这副歌颂官兵同乐的对联。

（刘学民）

大柏地的荣誉之战

　　1929 年 1 月，蒋介石纠集了湘、赣两省六个旅三万多人，分五路向井冈山进攻。

　　1 月 4 日，红四军前委在宁冈柏路村召开了前委扩大会议。会上，传达了党的第六次全国代表大会的决议，讨论了第三次反对敌人"会剿"的策略，决定红五军留下守山，红四军由朱德、毛泽东率领，向赣南发展，实行"围魏救赵"的策略，以粉碎敌人的"会剿。"

　　1 月 14 日，红军主力离开井冈山，经大汾、左安、崇义到达大余。为了筹集给养停了三天，不料，赣敌李文彬赶来紧追不放。在项山遭到敌人的突然袭击，红军失利，28 团代表何挺颖牺牲，朱德的妻子伍若兰被俘，惨遭杀害。红军为了摆脱尾追的敌人，以急行军速度，沿闽粤赣边境北上。

　　除夕之夜，红四军主力，在朱德、毛泽东的带领下，神不知鬼不觉地进到了瑞金城北的黄柏圩、隘前一带。这时，追赶红军的刘士毅部，还一直跟在红军的后面，仅差一天路程。红军迅速转移到大柏地后，召开会议研究了敌情和对策。

　　大柏地，位于瑞金的北面，是瑞金通往宁都的必经之路。从麻子坳到分水坳，是个一华里长的隘口，地形十分险要。隘口两边是起伏的山岭，遍布茂密的森林，便于隐蔽设伏，是一个极为有利的歼敌地带。

　　朱德进行了巧安排。他布置主力部队都埋伏在两面的山上，然后让一些红军扮作掉队的散兵游勇，挑着担子，背着枪，坐在石板大道旁休息，看到尾随而来的敌人后，放上两枪就跑，把敌人引进埋伏地带后歼灭。

一切布置停当，引敌上钩的那些红军战士，在大道旁左等右等不见人影，直等到太阳落山也没有一点动静。朱德传下话来：

"钓鱼就得有耐心。大家要沉住气，不相信敌人不上钩。"

第二天，是大年初一。红军战士都静悄悄地在那里等待着敌人，等待着胜利的到来。

天，下起了毛毛细雨。雨停了，又刮起了风；风停了，又下起了雨。战士们隐蔽树丛中，衣服湿了，被风吹干了；干了，又被雨淋湿。老天不帮忙，时间过得还特别慢。

下午三时，敌人果然来了。他们大摇大摆地走进隘口，好像步入了无人之境。当敌人发现大道旁有红军的零散人员时，突然开枪射击。诱敌深入的那些红军战士，一边鸣枪还击，一边喊叫着向前跑去。

刘士毅的部队，追了几天都没有见到红军的影子，今天好不容易看到了红军，当然不能轻易放过，于是紧追不舍。一瞬间，敌人的大队人马都涌进了隘口，进入了红军的包围圈。

朱德下令开火还击。两面埋伏在山上的红军，在一片杀声中，冲向敌阵。走在队伍后面的刘士毅，一看形势不妙，知道中了红军的埋伏，立即拨转马头向来路逃去，扔下他的两个团不管了。

被红军围住的敌人发了疯，拼命向红军冲杀，妄想能打开个缺口，冲出一条生路。他们把十几挺轻重机枪都调来，集中在一起向红军坚守的一个山头猛攻。子弹像蝗虫一般乱飞，树叶子被打光了，树枝被打断了。红军战士毫不惧怕，依托着极简单的掩体，阻击着敌人。

朱德像一座金刚似的站在他们身后，用钢铁般的语言鼓励着红军战士：

"同志们，坚决把敌人打回去！没有子弹，就用枪托砸，用石头打，决不能让敌人跑掉！"

敌人攻了一阵，攻不动，又退下去了。红军从后面包抄敌人的部队已经打了过来，两面山上的红军一齐冲向坳中的大道，敌人乱作一团，到处乱窜，纷纷逃命。

刘士毅的两个团大部分被红军歼灭，他的两个团长肖致平、钟桓被活捉，另外还有二百俘虏。

大柏地战斗的胜利，是红军自井冈山下山以来，取得的最大胜利，彻底扭转了红军在赣南的被动局面。

陈毅说："大柏地之战是红军成立以来最有荣誉之战。"

大柏地战斗，是朱德指挥红军利用地形以少胜多的一个范例。

1933年春天，毛泽东从宁都回瑞金，重过大柏地时，他感慨万千，满怀激情地写下了著名的《菩萨蛮·大柏地》：

赤橙黄绿青蓝紫，
谁持彩练当空舞？
雨后复斜阳，
关山阵阵苍。

当年鏖战急，
弹洞前村壁。
装点此关山，
今朝更好看。

（刘学民）

上杭之歌

　　上杭，位于闽西汀江的中游，汀江绕城而过，城垣三面环水。上杭有砖石建造的坚固城墙，城高三丈有余，易守难攻，素有"铁上杭"之称。上杭，是闽西重镇，历来为兵家必争之地。太平天国翼王石达开的部将石宗国，曾率数万大军围攻上杭，虽付出很大代价，仍然是久攻不下。所以，当地流传着一首民谣：

铁打上杭，

固若金汤。

东无退路，

西无战场，

南有河道，

北有池塘。

嘱咐子孙，

莫打上杭！

　　1929 年，上杭城里盘踞着土著军阀卢新铭的福建省防军第二混成旅。去年，在长岭寨卢新铭被红军打败后，逃到这里，招兵买马，占据了上杭城。

　　9 月 18 日，朱德率红四军主力和地方武装一万余人，秘密向上杭运动。

朱德在前委会上，作了周密部署，要求迅速同城内的党组织取得联系，策动有关人员响应攻城，各地赤卫队也要积极配合攻城战斗。

19日下午，朱德亲自带着各纵队领导和参谋人员，登上树木葱绿的山头，在落日的余晖中，俯视着山下坚固的城池，仔细地察看了地形，制定了攻城的具体方案。

上杭只有一条路可以从陆路上通往城里，那就是通向西门的大道。而卢新铭在西门筑起了坚固的工事，城门每天也只开几个小时，还有重兵把守，其他几座城门，全部关闭，用沙袋堵死，以防红军攻破。

敌人预料红军必然从西门进攻，朱德就来了个将计就计，命令一纵队佯攻西门。他对一纵队的林彪说：

"你们在那排山头上摆上几门迫击炮，放上几炮，就可以把敌人的注意力吸引到那边。我们就可以从后面登城进攻。"

红四军的主力部队，趁夜间能见度低，由赤卫队带路，从汀江上游水浅处渡过汀江。一纵队佯攻西门，二、三纵队主攻北门，四纵队在赤卫队的配合下，攻取东门，还有一部分赤卫队员佯攻南门。战斗打响后，四面枪声大作，敌人蒙在鼓里，也弄不清哪里是红军的主攻方向。赤卫队乘着无数的竹筏划过汀江，首先用机枪和土炮轰击敌人，然后在洋铁桶里燃放鞭炮，搅得敌人分不清真假，只顾调兵遣将，扼守城池。刹那间，四面城墙上到处放枪，为他们自己壮胆。

一纵队的炮火把敌人的主力吸引到西门后，二、三纵队便开始在北门发起攻击。红军战士在一阵阵冲锋号的鼓舞下，迅速扑向城下，赤卫队员们抬着预先绑好的云梯赶到城脚下，一座座云梯迅速架起，红军战士嘶喊着爬上云梯，翻入城内，涌向街头。

卢新铭发现自己中了红军声东击西的计谋，调兵增援时，北门早已被突破。城门大开，红军战士和赤卫队员蜂拥而入。

朱德带着胜利的微笑，紧跟在红军和赤卫队员之后，进入上杭城。卢新铭带着十几个贴身警卫逃之夭夭。

这次打下"铁上杭"，不仅彻底粉碎了敌人的三省"会剿"，而且为红军迎来了一个休整的机会。红四军迅速壮大，全军发展成七千多人。

当时，在民歌之乡的上杭城里，传唱着一首新歌《上杭之歌》：

> 一要高举红旗团结好，
> 二要袖章挂臂上，
> 三要消灭反动派，
> 四要在地主手中夺取枪。
>
> 人民大众要记清，
> 打倒军阀卢新铭，
> 俘虏敌兵要待好，
> 他们也是穷苦人。
>
> 进了上杭莫把商人扰，
> 保护穷人要记牢，
> 捉住地主狗豺狼，
> 坚决斗争不能饶。
> ……

（刘学民）

巧计取中川

1929 年深秋。

一天清晨，在闽西永定金丰大山脚下，有五个砍柴人踏着露水，走在蜿蜒的山间小道上。透过薄雾看去，这是五个妇女，每个人的头上还包着块花头巾，显得分外耀眼。走在前面的那个边走边唱着山歌：

> 山歌勿唱心勿开，
> 大路勿行上青苔；
> 脚踏青苔滑滑跌，
> 因为心肝妹才来。

山顶上，三个放哨的团丁一听到这优美的歌声，丢下手里的机枪，直起腰杆，阴阳怪气地抢着对起歌来：

> 白糖好食潮州来，
> 泉水好饮石缝来；
> 歌是白糖妹是水，
> 若是有情上前来。

砍柴的妇女知道团丁上钩了，就亮起歌喉更起劲地对起歌来。女唱男和，山鸣谷应。

就在前面那个妇女同团丁对歌时，另外四个砍柴人悄悄穿过丛林，爬上山顶，猝不及防地将三个团丁摔倒在地。

　　顿时，山顶上挥舞起一面红旗，埋伏在山下的红军战士吹起冲锋号。

　　红四军军长朱德举起驳壳枪，带着部队冲出竹林，登上旗鼓山，四处埋伏的赤卫队员扛着土铳，举着梭镖、大刀，潮水般地涌向山头。

　　原来，这是朱德军长为消灭民团头子胡道南，巧计取中川的第一步棋。

　　中川，地形险峻，易守难攻。村东有旗、鼓二山，村西是梨子山岭。村头的山上还修筑着钢筋水泥碉堡。胡道南就凭着这有利地形和他的兵工厂，为非作歹，称霸一方。

　　朱德来到中川附近，仔细察看了地形，同大家研究了如何攻打中川。他采纳了战士和赤卫队员的意见，制定了巧取中川的妙计。那五个砍柴人，就是五名男扮女装的红军战士。

　　胡道南发觉被红军和赤卫队包围后，像疯狗一样吼叫着："弟兄们，给我打！打胜了，每人赏大洋五十块。"

　　民团的机枪响了，子弹像雨点般地落下来。

　　朱军长突然命令正面攻击的部队停止还击。埋伏在旗鼓山后面的赤卫队员"冲啊！杀啊！"呐喊起来。

　　胡道南一听后山上喊声雷动，以为后山上来了红军，又拼命向后山射击。朱军长一看敌人又中计了，便让一些赤卫队员到四面的小山头上去放冷枪。

　　真真假假，虚虚实实，胡道南被搞得懵头转向，弄不清红军的主力在哪里，拼命向旗鼓山射击。开始，红军还放两枪，后来索性不放枪了。胡道南以为红军败退了，便洋洋得意起来。

　　没有多久，他发现红军没有撤退。这才知道中计了，白白

消耗了许多子弹。他下令再也不准放一枪，呆在山头上观望着动静。

这时，西山上突然有人在叫阵了：

"民团贼子！等你们好久了，怎么不敢出来呀！"

"胡道南，你这个狗娘养的，有胆量就来比个高低，一定送你两颗花生米！"

胡道南这个恶棍，被骂得沉不住气了。他暴跳如雷，带着一支人马向西山扑去。

从旗鼓山下向西山进攻，就要跨过狮象坝的清水潭大道。这狮象坝左山像只雄狮，右山如同一只大象，中间一条小溪。地形十分险要。

朱军长发现敌人已经下山，便指挥红军把狮象坝团团围住。

胡道南一进入包围圈，红军的军号就吹响了，子弹从四面八方飞来，杀声震天。被围困的民团就像一群被打散的鸭子，叽哩哇啦，到处乱窜。胡道南见势不妙，丢下民团，顺着小道逃命去了。

红四军打下中川的消息传出，当地群众欢欣鼓舞，还编了一段歌谣：

> 铁打朱毛军，
> 巧取中川村；
> 攻下兵工厂，
> 团总逃广东。

（刘学民）

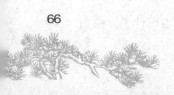

“为了革命的利益”

　　1935 年 9 月，身为红军总政委的张国焘不顾党中央的北上电令，强令左路军和右路军中的红四方面军部队南下。不久便宣布另立“中共中央”。当时，跟随左路军行动的红军总司令朱德同张国焘分裂红军、分裂中央的错误行为进行了不妥协的斗争。

　　11 月，南下部队在四川名山县遭到国民党军的猛烈进攻，部队损失近万人。南下计划无法实施，张国焘被迫决定回转甘孜地区。

　　这时，由于部队战斗减员，急需加强各级的参谋工作。总部决定调总部参谋黄鹄显到红三十军担任参谋长。黄鹄显接到命令后，有些想不通，就去找朱德。他觉得自己一直在朱总司令身边工作，说一说兴许可以不去三十军。

　　黄鹄显走进朱德的房间，看到朱德正在炭盆前烤火，便开门见山地说：

　　“总司令，我不想去三十军工作。”

　　“噢。”朱德笑着招呼黄鹄显：“来，坐下来烤烤火。”

　　一会儿，朱德倒了一杯水给黄鹄显，笑眯眯地问道：“你为啥子不愿意去三十军？”

　　“我是一方面军的，对四方面军的工作不熟悉，何况……”黄鹄显欲言又止，后面的话没有再说下去。

　　“‘何况’啥子？到哪里工作不一样？”朱德已经猜透黄鹄

显想说什么，耐心地劝着他。

"总司令，我还是跟着你吧！"黄鹄显依然恳求道。

"你能跟我一辈子吗？"

"能！"

"开玩笑！"朱德的表情变得严肃起来，"你是革命战士，要服从组织的决定。我们原来在一方面军工作是为了革命，现在分到四方面军工作，同样是为了革命。"

黄鹄显低头不语。

接着，朱德又和蔼地对他说："目前三十军的参谋工作没有建立起来，你去帮助工作，不是很好嘛。一、四方面军都是工农的军队，在哪里工作都是为了革命的利益，你说对不对？"

听了朱德的一席话，黄鹄显心悦诚服地点点头，满怀信心地向朱德表示，一定愉快地去三十军工作，把参谋工作做好。

（姚建平）

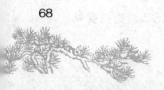

牦牛骨头烩野菜

1936 年 7 月初，红四方面军第三次过草地。大草地一望无垠，广袤达数百里，野草下面是深达数尺的沼泽，死草堆上又长出大片野草，夏天任凭狂风暴雨冲打，冬天任凭寒风大雪覆盖。年复一年。日复一日。这里找不到任何树木，看不到鸟儿飞翔，听不到虫声唧唧，甚至连一块石头都难以找到。红军却在这人迹罕至的草地上创造了举世闻名的奇迹。

经过长途跋涉，在一个晴朗的早晨，朱德总司令来到红四方面军总部和党校的几百人组成的队伍中间。他身穿打了不少补丁的灰粗布军衣，脚穿一双草鞋，腰间扎着皮带，背上背着一个斗笠和一个公文皮包，手中拄着一根两头已经磨得溜光圆滑的棍子，可以看得出这根棍子已伴随朱总司令不少日子了。

总司令站在一个草坡上，边喊边招手："同志们快来呀，告诉你们几个好消息。"

喊声像一块巨大的磁铁，霎时间，就把大家吸引过来了，他看了看面前围拢过来的人群，兴奋地说："第一个好消息，党中央、毛主席领导的北上红军和陕北的红军打了大胜仗啦！"他特意把"大胜仗"三个字拉得长长的，而且加重了语气。这时，草地上的人群就像开了锅一样沸腾起来，掌声和欢呼声长时间地回荡。人们完全让这振奋人心的消息带到欢乐的海洋中去了。总司令也激动得和大家一道使劲地鼓掌。接着他又报告了两个好消息："我们已经过了最艰难的水草地，而且

有了一条牦牛。"

"牦牛!"很多人惊喜得叫了起来,在这渺无人烟,连鸟儿都不愿停留的茫茫草地上,哪儿来的牦牛?大家都非常奇怪。总司令告诉大家这条牦牛是先头部队送的。最近一段时间,人们每天两餐,每餐只有二两左右的炒面泡水充饥。再过几天,连每餐二两炒面都难以保证。现在居然有了一条牦牛,怎么不叫人高兴呢!"把牦牛杀了,美美地吃一顿",这是每个被饥饿困扰着的人的第一个想法。可是仅仅一条牦牛,怎么够这么些人吃呢?

总司令见大家一时不作声,便笑着问道:"你们是不是想吃牛肉,还嫌一条牛少了啊?"他一眼就看出了大家的心思,说出了大家的心里话。经他这么一问,人们个个咧开嘴笑了。

总司令像是自言自语地说:"不能一顿吃了啊,最困难的时刻还没到来哩!"停了一会儿,他提高嗓门对大家说:"同志们,过日子要有长远打算,不能光看到鼻子尖上,宁愿顿顿缺,不愿一顿无。"听了总司令的话,大家频频点头,都表示应把牦牛留到最困难的时候。

总司令说:"我的意见是把牦牛杀了,留下牛皮、牛肉做干粮。牛骨头炖野菜,营养好得很,是我们今天最好的晚餐。等一会儿大家去拣点野菜。"说罢,他用征求意见的眼光,向四周看一看。

"好!""同意!"大家兴奋地喊了起来。接着,成班成排的红军战士向四面八方奔去。

挖野菜时,总司令也出现在挖野菜的人群中,他给大家介绍草地上各种野菜的形状和特征,并能说出各种野菜的名称。

这时,战士们想起了总司令举办的别开生面的"野菜展览会"。那是进入草地之前,部队作短期休整,准备过草地时,为了解决粮食不足,总司令向当地群众调查了这一带有什么野菜可以充饥，然后组织了一个三大员——炊事员、饲养员、警卫员参加的"野菜调查小组"，并亲自带他们去挖野菜，后来又在部队中推广起来。在挖野菜中发现了许多当地群众没有吃过的野菜，但战士们在家乡时，曾掺在饭里顶粮食吃过。总司令提议举办了一个古今中外从未有过的"野菜展览会"。红军战士们看到这许多形形色色的野菜，大开眼界。总司令对大家说："野菜也是宝，有了它就饿不死人了！我们大家动手都去挖野菜。"在总司令的带动下，大家一齐行动。

草地上的野菜并不多，大家都想多挖一些，只要发现一棵就赶快奔跑过去。寻了个把钟头，每个人才弄到一小把。大家把挖到的野菜洗干净，送到炊事班去。

临时伙房设在露天的草地上，几口行军锅成一字形排列着，蓝色的火苗舔着锅底，锅内热气腾腾，巴掌大的一块块牛骨头，让沸腾的水卷起又按下，阵阵微风吹来，香喷喷的牛肉味直往鼻孔内钻。大家谈笑着，赞美着，都说今天的晚餐是一顿丰盛的"牙祭"。对于长期处在饥饿状态下的人们，这是长征途中的一次难得的会餐。

开饭的哨音响了，人们端着茶缸向炊事班走去。炊事班四周围满了就餐的人们，蹲着的、坐着的、站着的都有。总司令也端着一碗野菜，津津有味地吃着，他不断地夹着野菜往嘴里送，吃得是那么香甜，看不出有丝毫难咽的样子，边吃边向身旁的战士称赞野菜的味道。实际上野菜煮的时候味道很香，吃起来却是又苦又涩，难以咽下。战士们见总司令和自己在一起吃野菜，又是那么平易近人，一点也不感到拘束，都争着与总司令拉话。大家边吃边谈，边谈边吃，这顿晚餐的气氛异常活跃。草地，真是一个又大又好的露天餐厅。

（王纪一）

亲属也不例外

1937 年，抗日战争的烽火在中华大地燃烧，八路军总部的三千健儿在总指挥朱德的率领下开赴抗日前线。

这时，朱德离家已经三十余年，他十分思念家乡的亲人。同时，又考虑到中华民族正值危急时刻，自己身为八路军总指挥，应该带头动员家中子弟奔赴抗日战场，为反抗侵略，保卫国土做出贡献。他在写给家人的信中详细询问了家中的生活情况，并劝导家中子弟要设法走上革命道路，决不要误此光明。"至于希望升官发财之人，决不宜来我处，如欲爱国牺牲一切，能吃劳苦之人无妨多来。我们的军队是一律平等待遇，我与战士同甘苦已十几年，非常愉快……我为了保持革命军队的良规，从来也没有要过一文钱，任何闲散人来，公家及我均难招待。"

朱德的侄儿和外甥们看到来信，便凑到一起商议去还是不去。有的说，伯伯的话有道理，我们也是中华民族的子孙，参加抗战，义不容辞。有的说，这么远的路，跑到那里，没钱可挣，图个啥子。也有的说，舅舅当了大官，这么多年也没照顾家里人，咱们去，他一定会想办法的。

侄甥们七嘴八舌，商量来商量去，最后还是决定先去看看再说。

不久，他们来到驻在山西洪洞县的八路军总部。朱德见到他们都长大成人，心中十分高兴。吃饭时，特地吩咐卫士多炒两个菜，招待这几个年轻小伙子，并让他们把家里的情况细细叙说了一遍。

几天后，朱德告诉卫士带他们去经理部领取军衣和零用钱然后到连队报到。

在经理部，当他们接过军衣和零用钱时，其中一个外甥面带愠色地问助理员怎么才发这么点钱，想再多要一点。助理员告诉他，只有总指挥批准才能多发。这个外甥想，朱德是自己的舅舅，找他说说准行。于是，他满怀希望地来到朱德的房间，刚说完来意，朱德的表情立即变得严肃起来，他生气地说："我们八路军，从总指挥到战士待遇都一样，每个月只有这么些零用钱。总指挥的亲属也不能例外，你要是吃不得苦，就给我回去！"那个外甥听了，只好悻悻地走了。

（姚建平）

一床红毯寓深情

朱德和周恩来的革命友谊，是非常感人的，永远值得崇敬和仰慕。他们从相识于德国柏林到一起领导南昌起义，从二万五千里长征到八年抗战，从指挥千军万马解放全中国到建设新中国，几十年来生死同心，休戚与共，传为佳话。

在北京的中国人民革命军事博物馆里，陈列着一条红色毛毯，就是他们革命友谊的见证。

那还是 1936 年 12 月，西安事变发生后，周恩来作为共产党的代表，去西安同张学良、杨虎城两将军谈判。在一个大雪纷飞的早晨，朱总司令和其他领导人送周恩来出发，他看到周恩来衣被单薄，就从自己床上拿来一条毛毯，并亲手把周恩来的腿脚盖严实后，才让汽车开动。周恩来带着党中央的重托，带着战友的温暖，顶着逆风大雪送来的奇寒，踏上征途。

谁能想到，这床毛毯还寄托着另一段革命情谊。原来毛毯的主人是董振堂。1931 年宁都起义后，在庆祝会上董振堂特意赠给朱总司令作为纪念。它伴随朱总司令粉碎了国民党反动派的五次"围剿"，经历了二万五千里长征，胜利到达陕北。而今，朱总司令又把它转送给亲密的战友周恩来。这条红色毛毯，将要伴随着周恩来度过多少寒夜，抵御几多风雪严寒，增添多少的温暖！

1937 年 4 月 25 日，周恩来肩负着加强抗日民族统一战线的重任，又带着这床毛毯，从延安出发，前往南京同国民党谈判。

汽车出了延安城，刚过了三十里铺，就在劳山遭到国民党匪徒的伏击。周恩来在警卫班的掩护下，机智地摆脱了敌人，安全转移到三十里铺。当红军闻讯赶来时，匪徒们把牺牲了的警卫参谋陈有才错当成了周恩来，气急败坏地用刺刀把陈有才身边的毛毯还戳了好几个窟窿，然后才仓皇而逃。毛毯上却留下陈有才的斑斑血迹。

周恩来到了南京后，向邓颖超谈起了这条毛毯的来历和劳山遇险经过。邓大姐的眼睛湿润了，她取出针线，把深切的哀思和胜利的希望，一针针，一线线，缝进毛毯里，织补好了那几个被敌人刺刀戳破的洞。

抗日战争爆发后，朱总司令要率兵奔赴抗日前线，周恩来想到华北前线天寒地冻，又把这床饱含着革命情谊的毛毯回赠给朱总司令。打那以后，这床毛毯又伴随朱总司令，深入敌后，转战千里，为他抵御着数不清的风寒。在太行山区，朱总司令经常住在老乡家里，房东老大娘生怕冻坏了朱总司令，常常把炕烧得更烫一点，没料想到却把毛毯烧了一个大洞。房东老大娘感到十分抱歉，朱总司令却风趣地说：

"这是太行山留给我的一个极好的纪念！"

康克清大姐也十分珍惜这床象征着革命情谊的毛毯。她看到毛毯烧破了，就像当年邓颖超大姐那样，亲手一针一线地缝补好。

1949年3月，朱总司令带着这床留下刀伤火痕的红毛毯，带着革命战友的深情，进了北京，去迎接新中国的诞生。从此，毛毯一直珍藏在他的身边。

如今，每当人们走进中国人民革命军事博物馆，看到这床毛毯时，无不为它所包容的革命情谊所感动，伫立在那里，久久不愿离去。

（刘学民）

"他，就是朱总司令"

朱总司令在华北抗日前线，指挥千军万马，浴血奋战，屡建奇功，威名远扬；他那艰苦朴素、平易近人、从不特殊的普通一兵的本色，也传为佳话。

一天，朱总司令带着部队来到太行山区一个普通的山村。警卫员号房子去了，他独自来到炊事班，看到大家正忙着安锅搭灶，二话没说，就挑起一副水桶，朝村口的井台走去。

石条砌成的古老井台上，竖起几块大石条，上面安着一个长把辘轳。一位头发花白的老大爷，正在那里吃力地绞着水。

朱总司令把水桶放在井台上，非常和气地对老大爷说：

"老大爷，您老歇歇吧！我给您绞。"

听到这亲切的呼唤声，老大爷慢慢抬起头来，细细一端详，原来是位老八路，看上去足有 50 多岁了，不比自己小多少，可说话时满脸笑容，十分和善可亲。

"你们当兵的都是使枪耍刀的，没用惯这玩艺，还是我自己绞吧！再说，你老弟的年岁也比我小不了几岁！"

朱总司令上前扶着辘轳把，说：

"过去，我也是庄稼人，干这活路，习惯着呢！"说着，一手顺着井绳，一手和老大爷共同绞着辘轳。

"咯吱吱！咯吱吱！"不大一会儿，四桶水都打满了。

老大爷看这个老八路挺亲热的，也就不拘束了，索性要他一起在井台边上坐下来歇一会，掏出旱烟锅，吧嗒吧嗒抽起烟来。

"你挑水干什么？是大师傅吧！"老大爷望着总司令的面容，打量着他那身粗布衣服。

"挑水，是给大家做饭用的。"

听了总司令的回答，老大爷感慨万端，不住地称赞说：

"八路军就是好。到了村里，不抓，不抢，还帮老百姓干活。"

"老大爷，您听说过吗？共产党是咱们穷人的党。八路军是人民的子弟兵。要打败日本强盗，就得军民团结。八路军爱人民，人民支持八路军嘛！"

几句贴心话，像涓涓的溪水，淌进了老大爷的心田。他一面频频点头，一面不停地招手，招呼过往的行人。不一会儿，井台边上围了一圈人。老大爷高兴地说：

"嗨，大家别看这位老八路年岁大，讲起话来可句句在理！你们好好听听。"

小井台，立即变成了宣传八路军抗日主张的讲台。朱总司令没有讲多少大道理，就像和亲人拉家常一样，问问村里的生产，问问当地的风土人情，言谈中把打日本救中国、团结抗日的道理，讲得清清楚楚。大家越听越爱听，久久不愿离去。

警卫员小张号好了房子，就去找总司令。他走到村口，看到围了一堆人，心想一定是总司令和群众聊天哩。因为这是总司令的老习惯了。

当他来到井台边时，看到总司令正在群众中间又说又笑。

"首长，房子号好了。"

"好，咱们这就回去。"

"谢谢乡亲们，有空了我们多谈谈。"

老大爷清清楚楚地听到警卫员叫"首长"，有些发愣了。等总司令走出几步后，老大爷拉住警卫员问道：

"你们首长，是多大的官？是连长，还是团长？"

警卫员小张犯难了，那时，八路军行军、驻防为了保密，规定总司令的姓名、职务不能泄露。他迟疑了一会，只好回答说：

"是个团长。"

"啊哟！是团长呀！"老大爷十分激动。他想起国民党撤退时，别说团长，就是个班长，也够凶的了。对老百姓吹胡瞪眼，张嘴就骂，动手就打，看见东西就抢。如今，八路军的团长还给自己绞水哩！他嘴里不停地念叨着：

"真是个好长官啊！"

老大爷一直在打听那位团长的姓名。过了好久，他终于弄清了：给自己绞水的老八路，不是"大师傅"，也不是"团长"，是大名鼎鼎的八路军总司令朱德将军。他高兴得像个孩子似的，逢人就说：

"你知道吗？他，就是朱总司令！多好的人啊！"

（刘学民）

老英雄与田舍翁

　　朱德1922年参加共产党时已经36岁了，大家都尊崇他是一位革命的老英雄。他虽然功高、位尊、权重，却从不摆架子、发脾气、搞特殊，对任何人都非常随和平易。许多久闻他大名的人，第一次见他时，往往被他和蔼真诚的态度所感动，常常对他那朴素的衣着和温和的性格感到惊讶。这位叱咤风云、统率千军万马的革命老英雄看上去却像一位普普通通的农民老大爷，与人们想像中的英雄人物完全不同。人称"延安五老"之一的续范亭曾写诗赞美过朱总：

　　　　　　敌后撑持不世功，
　　　　　　金刚百炼一英雄；
　　　　　　时人未识将军面，
　　　　　　朴素浑如田舍翁。

　　由于朱德的这个特点，有些想找他的人往往当着他的面仍不知他在哪里。

　　1927年的一天，朱德带了少数卫士夜宿于一个祠堂里。当地土匪何其朗率部包围了祠堂，想活捉朱德向国民党当局请功领赏。他们冲进祠堂见到了朱德本人，却把他当成伙夫而放过了他。

　　1937年秋，红军刚改编为八路军时，总部命令刚调来工

作的李树槐同志带几个人去迎接从延安来总部的朱总司令。他们在一座桥头等候着一直想见到而还未见过的总司令。一会儿，有几位干部过去了，每一个人都是普普通通的，没有加以理会，任他们走了过去。其实朱总司令就在里面。这样，他们没有完成迎接总司令的任务。

外国的和国民党统治区的记者第一次采访朱总司令时，也常常闹笑话。抗战初期，国统区有几位记者慕名到八路军总部采访朱总司令。他们在总部门口看到一个穿士兵衣服、戴老花镜、满脸胡子茬的人站在那里迎接，没有理会就踏进了门，谁知这就是朱总司令。经左权同志介绍，这几位记者既惭愧又吃惊。

朱总司令平易近人，身边的工作人员非常热爱和尊重他，在他面前从不感到拘束。一位曾在朱总司令身边工作的同志写诗赞颂说：

> 抚循部曲如亲子，
> 接遇乡农蔼似风；
> 谈笑雍容襟度阔，
> 最从平淡见英雄。

朱总司令喜欢打球，他常同身边工作人员和年轻战士一起打球。打球时，他同大家一样完全服从球队队长的指挥。有时，有人把他撞倒了，他也只是笑笑，站起来继续打球，从不生气。队员们也忘了他是总司令，从他手中抢球，并无顾忌。他能平等对待任何一个普通劳动者，他到哪里都能同群众打成一片。聂荣臻说他"他在老百姓中，他是老百姓；在战斗中，他是战士；在伙夫中，他也和伙夫一样，很俭朴，极其群众化"。

朱总司令这种完全平等待人，始终保持劳动人民普通一员的品德，反映了他的优良作风和平和的性格，也是他崇高的人生理想和无产阶级世界观的自然流露。徐特立同志曾说："历史上有功于国家民族的英雄，做到忘己就很难，我们总司令却能'双忘'。"所谓双忘就是不但自己忘记自己是总司令，而且别人与他相处时也能忘记他是总司令，能够真正平等相待。

朱总司令曾说："我们是非常平凡的人，而又真做了一些不平凡的事情。"真正伟大的人物，常常感到自己是平凡的。在他那里平凡与伟大是统一的，朱总司令就是一位平凡的伟人，寓伟大于平凡，因平凡而更伟大。

（龚希光）

三会阎锡山

　　抗战初期，朱总司令把八路军总部设在山西的太行山区。他必须根据党的统一战线方针，团结山西的土皇帝、第二战区司令长官阎锡山共同抗日。阎锡山抗日的出发点与共产党、八路军不同，抗日的立场也很容易动摇。但是，只要他没有放下抗日的旗帜，朱总司令就一直主动地团结他、帮助他。在不同的形势下，朱总司令曾三次会见他，对他进行帮助，使他始终未脱离抗日阵营。

　　第一次会见是在 1937 年 9 月。当时，日本侵略军已向山西发动进攻，阎锡山正在前线指挥他的部队依托各长城隘口进行作战。这位山西土皇帝过去非常害怕红军，尽力阻止红军进入山西。可是，这次他却非常欢迎由红军改编的八路军来帮他"守土抗战"。原来阎锡山抗战的目的是想阻挡日军进入山西，现在他挡不住日军的攻势了，便迫切地盼望八路军帮他一把。他准备了火车，下令将进入山西的八路军主力及早运到前线。阎锡山早就听说朱总司令韬略过人，红军英勇善战。他急切地要与朱总司令会面，朱总司令还未到太原，他已派一位高参和一辆专车等在那里了。到太原的当晚，就把朱总令接到他设在雁门关附近的司令部里。天亮后，经过长途劳累的朱总司令来不及多休息一下，就被阎锡山请去会面了。阎锡山有求于朱总司令，他很客气，很殷勤。朱总司令向他说明了共产党、八路军在抗战中坚持独立自主和发动群众的原则，提出了八路军擅长打游击战，不准备担任正面固守任务等问题，他一口答应。根据朱总司令的要求，他允许八路军驻地的群众工作由八路军独立负责，不好的县长可以撤换，组织游击队允许发枪，还可以实行减租减息。这是阎锡山抗日最积极、最开明的时期，对八路军在山西发动抗日游击战争提供了方便。在这次会面后的第三天，八路军就在平型关打了一个大胜战，这是抗战以来中国军队对日军打的第一次胜仗，极大地鼓舞了山西广大民众和阎部的广大官兵。

第二次会见是在1938年2月。这时，太原已失守，阎锡山退到了晋西南临汾附近的土门镇。他的地盘大多已被日军侵占，他的军队大多溃散。在一次军事会议上，朱总司令看到阎锡山垂头丧气的样子，就鼓励他说：

"希望阎长官打起精神坚持抗战，抗战肯定是有前途的。你不要以为你的军队垮了，不得了了，就没有办法了。我们是持久抗战，不在乎一城一地之得失。我们是让开点和线，退到敌后去打游击，让敌人去占领一些点和线，分散他的兵力。它越占，补给线就越长，那时我们就大有机动余地，可以越打越强。不要以为你旧军垮了，如何如何。旧军失去了，还有底子，赶快组织新军，我们帮助你动员人民和牺盟会组织新军。希望你阎长官一定不要退到大后方去，和我们一起坚持敌后抗战。将来抗战胜利了，不管你损失多少，我们还是拥护你。"

朱总司令讲这些话时，两眼炯炯有神，显得生气勃勃。当时阎锡山因败得很惨，头脑发懵，有点不知如何是好了。听了朱总司令这一番勉励以后，精神为之一振。

第三次会见是在1938年11月。这一次是朱总司令从延安重返前线时，途经阎锡山的驻地吉县，前去拜访他。他表面上仍然盛情接待，并请朱总司令到晋绥军校尉级军官训练团去作讲演。这时，局势已发生很大变化，八路军在敌后建立了好几

块抗日根据地，力量日益壮大，而阎锡山则龟缩于晋西南一隅，军事力量也受到极大削弱，只是仰仗八路军在敌后拖住敌军，他才能在山西有个立足之地。当时，日军加强了对国民党政府的政治诱降与军事威胁，国民党方面投降妥协和反共的空气开始上升，阎锡山受此影响，也开始从团结抗日的立场上倒退。尽管朱总司令仍然耐心地给他分析形势和提出改进战略的意见，鼓励他坚持团结、坚持抗战、坚持进步。但是，他不但没有听进去，反而派人与日军秘密勾结。

第二年冬天，国民党当局开始发动第一次反共高潮时，他首先发难，命令旧军向坚持进步、坚决抗日并同八路军保持团结友好关系的山西新军发动进攻。朱总司令命令八路军保护新军，并致电阎锡山，指出其部下在晋东南以武装手段策动政变，大肆杀害抗日进步分子和共产党员，并扬言先解决牺盟会后驱逐八路军，希望他加以制止，重新考虑，以免酿成大的不幸。同时，公开发表严正声明，指出：在被害的进步分子中，亦有共产党及八路军工作人员，八路军对此不能漠不关心。八路军对少数阴谋反动分子危害中国共产党及八路军的言论，已在密切注意中。另一方面，朱司令又根据党中央指示，继续做争取阎锡山的工作，并要新军领导人向阎表示仍愿接受其领导。在这种情况下，阎锡山终于悄悄地收起了反共的旗帜，未敢公开投降日本。

（龚希光）

古县阻敌

　　大家都知道朱总司令性情温和，对群众更是和蔼可亲。有人说他"朴素浑如田舍翁"，也就是说他像农村老大爷一样平和朴素。但是，当危难到来的时候，他的性格中的另一面，勇敢坚毅、机智沉着就显示出来了。每逢这种情况，他总是挺身而出，砥柱中流，力挽危局，常常做一般人所不敢做的事情来。古县阻敌就是一个例子。

　　这件事发生在 1938 年 2 月下旬，朱德率领八路军总部从山西洪洞县向太行山区进发途中，随行的有副总参谋长左权和总部的几位工作人员，另外还有一个警卫通讯营约二百人，担任总部的警卫通讯工作。当他们沿着临（汾）屯（留）公路行进到安泽县的古县镇时，突然与从长治来的敌军相遇。这路敌军共一个旅团 3000 多人，目标是进攻临汾。按常情，朱总司令只要向临汾的友军发个电报，告诉他们东路敌情，然后率总部向公路两边的山区转移，就可以平安无事了。但是，总司令却不这样做。他知道临汾军民尚无迎战和疏散的准备，如让这路敌军突然袭入临汾，损失必定很大。他从大局出发，经过分析估量敌情后，决心依靠身边这二百名警卫通讯战士来迎击东路敌军，为临汾军民争取几天备战和疏散的时间，他没有向山区转移，而是迎着敌军前进。二百名只有小米加步枪的八路军战士，要同三千多装备精良的敌军作战，这个仗怎么打？身经百战的朱总司令自有办法。他利用公路两边都是山地的有利

地形和敌军不熟悉当地情况的弱点，以及敌人害怕八路军包围袭击的心理，巧妙地利用路边山地阻击敌军。

23日，敌军占领良马镇后，先头部队开始与朱总司令的警卫队接触。按照在公路上的正常行军速度，敌军一天就可到达临汾。可是，由于警卫队挡住了去路，敌军只能像乌龟似的慢慢向前爬行。山上一打枪，敌军就停止前进，组织反击。打了一阵以后，山上突然没有枪声了。敌人弄不清为什么，原来是八路军又转移了。就这样，三千多敌军背着沉重的背包，在狭窄的山间公路上转来转去，苦不堪言。他们虽然武器精良，兵力雄厚，但是，由于这条公路盘旋在大山之间，大部队施展不开，重武器也用不上。而且处处挨打，又无可奈何，非常恼火。

24日，双方激战了一天。

到25日，敌军才弄清楚阻挡他们前进的只是一支几百人的八路军小分队；尤其使他们大吃一惊的是，率领小分队的竟然是威名赫赫的八路军总司令朱德。得知这个情报后，他们就不惜血本，调空军前来助战。

这时，朱德在古县，其位置是在临屯公路西段。敌空军接到命令后，就在山西省的地图上寻找古县的位置。日本侵略军毕竟不熟悉中国的地形。他们认识一些汉字，也似懂非懂，找来找去，在地图上没有找古县，却找到了一个位于屯留县以北的故县。他们认为故县自然就是古县了。于是，下令把好端端的故县炸了一塌糊涂。当地许多老百姓平白无故地被炸死、炸伤，许多房屋炸毁。朱德所在的那个古县却平安无事。

古县虽然未曾被炸，形势也相当紧张。你想，日本侵略军最恨、最怕的就是坚决抗日的八路军和它的总司令朱德。现在，朱总司令就在他们前面，而且身边的卫队又很少；这个装备精良的日军旅团全力猛攻，毕竟压力不小，二百名八路军战士实在难以抵挡。左权非常担心总司令的安全，万一有什么不测，如何交代？抗战将会受到多大损失！他连连建议总司令及早转移。但是，朱总司令仍像平常一样，不慌不忙地同八路军各部队以及延安、临汾等地进行电讯联络，他不仅关心身边的敌情，而且对整个华北的战略形势，进行了分析和部署。

25日傍晚，敌军的炮弹开始在总部驻地附近不断爆炸。这时，他才沉着地率领总部转移到公路以南的刘垣村。这段时期，由于情况紧急，朱德与武汉等地中断了联络，加之有人从敌军广播中听到日军派飞机轰炸朱德驻地的消息，大后方的各界人士和广大民众，包括对共产党、八路军友好的国际友人都非常担心，纷纷向八路军驻武汉办事处、《新华日报》社探询"朱德将军有无危险？"直到听到朱德继续指挥着八路军打击敌军的消息后，大家才松了一口气。

朱德转移到刘垣后，临汾方面的国民党友军才派出了五个营前来增援。朱德让他们在临屯公路上的尧店一带阻击敌军，他自己则继续指挥身边的警卫通讯营侧击敌军。26日又打了一天，五个营的友军没有挡住敌军的进攻，日军准备27日向临汾进发。这时，八路军总部特务团新组建的警卫通讯第二营赶到。这个营只有二百人，除班长是老兵外，其他都是新兵，没有枪支，每人只有一颗手榴弹。朱德决心让这些新兵也得到一次锻炼的机会，帮助友军再拖一拖这股敌军的后腿。

正好敌军的后续部队也到了。这是一支由许多大车组成的辎重队。从情报中得知，敌人为了抢先攻占临汾，作战部队都派到前面去了，保护辎重队的兵力较单薄。根据这个情况，朱德亲自组织安排这些新兵埋伏在路旁，等敌军大车队进入伏击圈后，二百多颗手榴弹一齐向敌军掷去，敌军死的死，伤的伤，逃的逃，辎重被全部缴获。其中不但有武器、弹药，还有大批军毯、大衣、食品、文件、战马。这一仗歼灭敌军一百多

人，加上前几天歼灭的敌军，共歼敌三百多人，而八路军自己却损失极少。更重要的是这次古县阻敌为临汾军民争得了三四天安全撤退的时间。

古县阻敌虽然不是什么大的战役，却使我们看到，当危险来临时，朱总司令所表现出来的非凡的勇气和才能，表现了一位革命军队英明统帅的价值。

（龚希光）

响堂铺友军观战

　　抗战初期，日本侵略军采取闪电战术在华北长驱直入，几十万国民党军队溃不成军。华北大部分地区成了沦陷区，朱总司令率领八路军在这里大显身手，到处发动群众，开展游击战争。山西的国民党军事当局便决定把滞留在敌后的部队，划归朱总司令指挥。

　　1938年3月下旬，朱总司令把归他指挥的国民党军队的将领召集到沁县小东岭开会，给他们分析形势，安抚他们的情绪，教他们如何搞好群众关系，开展游击战争。经过朱德的耐心教育和帮助，这些友军将领的情绪开始安定了下来。但是，对日本侵略军还很害怕。他们无法理解装备很差的八路军怎么会打胜武器精良的日本军队的？

　　正好，这时一二九师向朱总司令报告，准备在河南涉县（今属河北）与山西东阳关之间的响堂铺，进行一次伏击日军辎重队的战斗。朱总司令批准了他们的作战计划，同时决定让友军将领前去观战。俗话说百闻不如一见，让他们看看八路军如何打仗，让他们对于游击战有一点感性认识，增强战胜日军的信心。

　　响堂铺在邯（郸）长（治）公路上，这是沟通山西、河北运输线的一个咽喉要地，地形十分有利于伏击战。在这里，公路沿干涸的河床延伸，路北是便于隐蔽和出击的连绵起伏的高地；路南是不易攀登的悬崖峭壁，友军将领就在这上面

89

观战。

3月31日，一切准备就绪，友军将领按计划登上路南最高的山头，在隐蔽的阵地上，拿着望远镜注视着公路上的动静。抗战半年来，他们虽然身处敌后，但是，在这么近的距离内观看同日军作战还是第一次。他们的心情非常复杂，担心万一八路军打不过日本军队又怎么办？又一想八路军打了那么多胜仗，这次安排他们来观战，总是有把握的。

的确，八路军从来不打无把握的仗。为了打好这一仗，多次进行了侦察，制订了具体的作战计划，并报朱总司令批准，由一二九师副师长徐向前负责指挥。

伏击部队在30日黄昏，开进伏击阵地，派出了警戒和阻击增援的兵力，31日黎明前，一切布置停当。当阳光照到响堂铺时，公路两旁静悄悄地毫无动静。可是，观战的友军将领们的心情却非常紧张。八点多钟，他们隐隐约约听到远处传来汽车开动的响声，随着声响的逐渐增强，又看到一串像小甲虫似的汽车慢慢地从东阳关方向开来。由于路面松软，车辆开得很慢。但是，观战的人的心却加快了跳动，他们屏住呼吸，举着望远镜，盯着这一串"小甲虫"慢慢爬行。

敌军车队完全进入伏击区后，突然，迫击炮、机关枪、步枪一齐开火，手榴弹也像冰雹似的投向敌军。接着，嘹亮的冲锋号响了，埋伏的战士们飞奔而出，扑向敌军，短兵相接，展开了白刃格斗。开始，日军还顽强抵抗，但八路军更是勇猛异常。有的战士负了伤，手中武器也掉在地上，仍赤手空拳扭住敌人，用牙齿咬，敌人一松手，就趁机按住敌人，拾起石头把敌人砸死。友军将领看到这种惊心动魄的场面，激动异常。战场形势很快发生了变化，敌军终于顶不住了，他们丢下汽车，分成几股企图向南山脚下逃窜，正巧，被八路军的阻击部队用机关枪、手榴弹打了回去，被消灭在公路上。将近11点时，战斗结束了。公路上一长串敌军大卡车东倒西歪，狼藉纵横，有的撞在一起，有的四轮朝天，有的烈火烧身。战场上空飘荡着汽油和胶皮味。这一仗，共消灭敌军辎重汽车180辆，歼灭敌军少佐以下400余人，缴获了一批武器、弹药。

友军将领通过观战，对朱总司令和八路军真是心服口服，提高了抗日的信心，纷纷要求朱总司令帮他们开办游击战术学习班，有的还要求派人去他们部队进行指导。

（龚希光）

伫马太行

　　1938年3月，朱总司令来到晋东南的太行山区，决定伫马太行，在这里建立抗日根据地，并把八路军总部设在这里，指挥华北的抗日斗争。对此，日本侵略军感到极大的威胁，千方百计想拔掉这个眼中钉、肉中刺。于是，调集了几万大军，分九路向晋东南抗日根据地进行围攻，朱总司令成竹在胸，沉着地调兵遣将，有条不紊地部署各项工作。原来，在半个月前，缴获了一张日军绘制的"九路围攻太行山区"的作战地图，得知了敌人的动向。近来，又掌握了敌军兵力调动的情报。于是制定了粉碎敌人的作战方针。他发动群众坚壁清野；同时，决定以少数兵力牵制各路进攻的敌军，而把主力隐蔽集结在敌军合击圈以外，伺机歼敌一路。按照这个方针，在日军发动围攻前，他把一部分八路军主力调到山西、河北交界处的麻田、涉县一带待机。

　　四月初，各路日军出动，进入根据地后，变成了"聋子"和"瞎子"，弄不清楚八路军的行踪。粮食、牲口都被老百姓藏了起来，甚至水井也被堵死。敌军找不到吃的、喝的、还不断遭到八路军小部队和当地游击队的袭扰，真是苦不堪言。

　　八路军总部处在敌军的包围中，需要不断转移。当时，只有一个警卫排，没有别的部队。朱总司令依然坚定沉着，果断地指挥着部队。总部的工作人员和警卫战士非常担心他的安全，情绪比较紧张，而他却轻松地讲些笑话，使大家绷紧的神经松弛一下。

有一天，总部转移到漳河边的一座小山上，发现三面都是敌军，一面又临河，形势十分紧张。当时，正下着雨，河水上涨。朱总司令和总部的处境十分危险，大家的心情又紧张了起来，总司令却不慌不忙，披着雨衣去察看水情，打算把总部转移到漳河对岸去，但是河宽水急，渡河困难。他想起了秘书孙泱水性好，就写了一封信，让他装在水壶里，泅渡过河去联络部队。同时，带过去一根绳子，一头留在河岸这边，一头固定在对岸的大树上。然后，大家抓着绳子渡过河去。那时，朱总司令已经五十二岁了，也是一手抓住绳子，从急流中趟过河去的。这样，总部才脱离了险境。

敌军在根据地乱碰乱撞了几天，朱总司令终于找到了歼敌的战机。他发现南路敌军距离其他各路敌军较远，加上缺吃少喝，得不到休息，已相当疲惫。他判断这股敌军下一步的行动方向可能是进攻武乡县。而在这里歼灭这股敌军，比较有利。于是，他命令集结在敌军合击圈以外的八路军主力，迅速赶到武乡，追歼这股敌军，隐蔽待机的部队接到命令后，立即向武乡急进。

15 日傍晚，他们赶到武乡县城附近时，敌军带着辎重骡马，刚离开武乡向襄垣方向退去，他们紧追不舍。16 日清晨，终于在长乐村附近追上并歼灭了这股敌军。此役共歼灭敌军 2200 余人，击毙战马五六百匹，缴获了一部分枪支弹药和其他军用品。这股敌军是这次九路围攻的主力，指挥官是苫米地旅团长。他因为首先进攻晋南重镇临汾，日本天皇曾赐给他一枚勋章。对此，他非常得意。可是，这次在长乐村战斗中，他却打了个大败仗，后来还受到了处分。

长乐村战斗以后，其他各路敌军更加心惊胆战，为了逃避被歼的命运，纷纷退出根据地。日军处心积虑策划的九路围

攻，就这样被彻底粉碎了。朱总司令不失时机地下令在晋东南的各八路军部队全面出击，在短短几天时间中就乘胜攻克了十几座县城，巩固和扩大了以太行山为依托的晋东南抗日根据地。从此，一直到朱总司令返回延安以前，八路军总部一直驻扎在太行山。

（龚希光）

太行山上话友情

　　抗日战争爆发后，朱德率领八路军开赴敌后，在太行山脉建立根据地，与日本侵略军开始了长达八年的游击战争。

　　战地的气氛是紧张、凝重的，但抗日将领之间的情谊是诚挚的，他们之间的关系是和谐的。

　　一天，八路军总部召集军事会议，高级将领们陆续到来，在屋前聊天，战地摄影记者徐肖冰利用会前的机会，为将领们摄影。

　　当他看到刘伯承师长和朱德总司令谈笑风生的场面，便急忙跑过去，打算拍下这一场景。

　　"你拍我们两个，你可知道我们是交过手的对头吗?"刘伯承忽然伸出手，笑眯眯地说道。

　　"下棋还是打球?"徐肖冰仍然认真地对着焦距。

　　"下啥子棋哟，我们是真枪实弹哩!?"

　　"真枪实弹?"徐肖冰抬起头，疑惑地问："刘师长，您在开玩笑吧?"

　　"开啥子玩笑，不信你问总司令。"

　　徐肖冰把头转向朱德，期待着他的答复。

　　朱德宽厚地微笑着，语调缓慢地说："对头，我们的确打过几仗。"

　　徐肖冰更迷惑不解了。在他的印象中，这两位名扬中外的将领，一直是并肩战斗、生死与共的战友，怎么会互相打

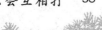

仗呢?"

　　"那时,中国共产党还没有成立,我们俩都在四川,我在唐继尧的部队,他在熊克武的部队,我们是'各为其主',打了几仗。"朱德仍然是微笑着。

　　"徐肖冰,你说说看,我俩哪个打得赢?"刘伯承笑着问。

　　面对着两位名闻遐迩的大将军,徐肖冰怎么好评头论足呢!

　　刘伯承得意地对徐肖冰说:"总司令在四川是很有名的战将。当年,可被我刘伯承打败了,打得他一败涂地……"

　　徐肖冰简直不敢相信自己的耳朵,刘师长在那么多人面前这样说,总司令会怎么想呢?

　　没料到,刘伯承话音刚落,朱德却呵呵地笑起来,笑得那么轻松、坦诚。

　　"那时我们打了败战,是因为部队纪律不好,与当地老百姓的关系也不好。看来打仗不光要讲战术、技术,更要讲人心向背哩!"接着,朱德又深情地说:"没有共产党,就没有今天的朱德。"

　　"哈哈,我刘伯承要是没参加共产党,今天再跟总司令打仗,一定会被打得落花流水,说不定还要当俘虏呢!"刘伯承说起话来,总是那样的诙谐有趣。

　　一场谈话,使徐肖冰颇有感触,他从中看到了将军们之间存在着一种诚挚的友谊和纯真的情感。

　　　　　　　　　　　　　　　　　　　　　　(姚建平)

深夜暗查岗哨

1938 年 5 月。一天深夜里，在山西襄垣县西营的花豹拐，发生了一件让连贵和永生难忘的事情。

那天夜里，天黑得像反翻扣着的一口锅，静得一点声音也没有。连战士连贵和单独在夜里放哨也只有过一两次，今天又遇上了这种黑灯瞎火的鬼天气，心里一直在打鼓，两只眼睛瞪得特别大，生怕放过去一个坏人，更怕敌人的探子摸了哨。还真邪，你怕啥，就来啥。他瞪着大眼，看到南边小路上走过来一个人。他闪在背阴处，盯着那个小人渐渐走近了，像是个弓腰驼背的老人。当那个披着一件夹袄的老头，走到跟前时，他突然闪出来拦住去路，开始详细地盘查：

"大伯，你是哪的？"

"噢，你不认得我呀！我是磁窑头的。"老头边答着话，还边用手往后面那方向指了指。

"深更半夜，你这是去哪？"

"就来这花豹拐。"

连贵和正打算问问他来这里干什么时，那老头抢先开口了：

"八路同志，本想到花豹拐办件事。现在遇到你了，就不用去了，肯定你能帮了这个忙。"

这一下，还把连贵和说懵了，他忙问：

"什么事呀？"

那老头笑嘻嘻地说：

"说起来，也不是什么了不起的大事。我家里很穷，全靠着打点山害野鸡，换点钱，糊口过日子，最近发现山上有几只狐子，偏偏土枪坏了。你们八路军可好啦！处处为着老百姓。你的枪借我用一下，用罢了就还你。你看怎样？"

一听说要借枪，连贵和脑子里的弦一下绷紧了：枪是战士的生命，怎能借？他说：

"大伯，军队有纪律，枪可不同别的东西，是不能借的。"

那老头还纠缠着不放，说：

"八路军和老百姓一样，本来就是一家人。这点忙怎能不帮呢？"

"大伯，不能借。这真是纪律。"

那老头有点不耐烦了，气冲冲地说：

"你这个小同志，怎么这么不通情理？走，咱们去找你们首长讲讲理。"老头边嚷嚷边动手去拉连贵和。这一举动，使连贵和更生疑惑：根据地里老老实实的群众，都是懂道理的，怎么给他讲了半天理，他不仅听不进去，还动起手来。会不会是敌人派来的便衣探子？于是，他动火了，双手紧握钢枪，横着枪把，将老头猛的一推，那人便跌倒在地，摔得半天起不来。那老头起来后再三说明他绝不是坏人，连贵和还是把他扭送到连部。

第二天，同连贵和一块来当兵的小同乡，非常神秘地对他说：

"贵和，坏事了！你昨天送去连部的那个老头，你当是谁？他是朱总司令啊！你胆子真大，我看你要受处分了。"

八路军战士难为了总司令不说，还把他推倒了。这不闯下了大祸。连贵和真给吓懵了。

过了一个星期。这事也没有动静，连贵和更纳闷了。一天，八路军总部召开全体指战员大会，会上宣布：给新战士连贵和记一次特等功，表彰他的革命警惕性。在给他的立功证书上写着："连和贵同志在 1938 年 5 月因朱德总司令穿便衣查哨被纠察记特等功一次。"

从此，朱总司令暗查夜哨，在八路军里传为佳话。

（刘学民）

怒斥朱怀冰

　　国民党军第九十七军军长朱怀冰是个反共顽固分子。抗战开始，他来不及从华北撤退，留在了敌后，曾接受朱总司令的指挥。那时，他才是个师长，兵也不多，处境困难，从抵抗日军的进攻到粮食供应，处处都离不开八路军。因此，对朱总司令特别尊敬，还多次要求总司令派人去他的部队进行具体指导。后来，他的处境逐渐改善。蒋介石普升他为军长，给他补充了武器弹药。他"鸟枪换炮"，兵强马壮了，就翻脸不认人。在国民党顽固派发动第一次反共高潮时，他认为时机已到，而且还趁八路军同日军作战之机，从背后进攻八路军，杀害八路军的工作人员。

　　1940 年初，蒋介石把九十七军列入冀察战区序列，委任他为冀察战区政治部主任和河北省政府民政厅厅长，他得意忘形，立即率部从豫北北上，妄图把八路军赶出河北，由他接管八路军创建的抗日根据地。

　　2 月 18 日，朱怀冰的部队又突然袭击驻守在磁县贾壁村、大湾村一带的八路军，杀害八路军指战员一百多人。对此，朱总司令和八路军广大指战员都非常生气，决心进行反击。而朱怀冰制造了事端后，不仅没有收敛反而进一步找到八路军总部来挑衅。这天，他骑着高头大马，带着卫兵，威风凛凛地来到八路军总部。表面上是来拜望朱总司令，实际上却是打着蒋介石的旗号来进行威胁，要总司令让出河北的抗日根据地。当朱总司令义正词严地驳斥了他的无耻狂言以后，他竟然脸色一变，气势汹汹地说：

"抗日军队，军令政令要统一。蒋委员长已命令你们退出河北，你们必须服从命令。"

朱总司令回答说："我们服从蒋委员长抗战的命令。哪里有日本军队，我们就在哪里抗战，为什么要退出河北！"

朱怀冰非常蛮横，说："河北必须让出来，否则只能用武力解决。你们要考虑好，究竟是让还是打！"

朱总司令听到这里淡淡地一笑，坚毅地回答说：

"我们建立根据地是为了抗日，为什么要让？大革命时期我们曾让过一回，让坏了。大革命一失败，国民党右派来了，要杀我们。我们那时候没有军队，领袖陈独秀又是一个机会主义者，只能被他们屠杀，现在我们有八路军，我们的领袖是毛泽东，不是陈独秀，为什么要让！"

朱怀冰威胁说："那就只有武力解决了。"

朱总司令冷静地回答："你要晓得，自从红军改编为八路军以来，就停止了内战。我们希望团结抗战，不要打内战。但是，你们一定要打，我们一点也不怕！"

朱怀冰以为八路军抗战以来，已经很艰苦了，会怕国民党军与日军两面夹击，一定会对他作出让步的。没想到朱总司令旗帜鲜明，立场坚定，碰了个硬钉子，没占到半点便宜。

朱怀冰没有从朱总司令的严词驳斥中获得教益，他灰溜溜地回去后，越想越不甘心，马上召开作战会议，部署向八路军进攻。朱总司令对此早有准备。朱怀冰完全没有想到几万名装备很好，看起来顶像样子的部队，竟然不堪一击。同八路军打了两天，就全面溃败，被歼、被俘一万多人。俘虏中不但有各级指挥官和国民党当局派来的特工人员，还有一个德国牧师和150多个军官太太，其中包括朱怀冰的太太。本来朱怀冰本人

也难免被俘，有的同志非常痛恨他的骄横无耻，决心活捉这个忘恩负义的家伙。朱总司令站得高看得远，他认为当前的主要敌人是日本侵略军，反击反共顽固派是不得已而为之。今后，还要争取同他们一起抗日。反击要适可而止。他命令停止追击朱怀冰的残部，对那些一心想活捉朱怀冰的同志说："你捉到了他，反而麻烦，以后怎么放呢？"根据朱总司令的命令，反击部队让开一条路，有意把他放跑了。对被俘的朱怀冰部的军官和家属，朱总司令也命令加以优待，不久，就全部放回。

八路军在朱总司令领导下少打退了顽固派的进攻，保卫了抗日根据地。在斗争中，又巩固和发展了抗日民族统一战线。

（龚希光）

洛阳赴会

1940 年初，朱总司令指挥八路军取得了反摩擦的胜利，打退了国民党顽固派的第一次反共高潮。对此，蒋介石并不甘心。但是，他进攻敌后抗日的八路军的做法，受到了各界人士的同声谴责。所以，他只好暂时放弃把八路军挤出河北的企图，命令第一战区司令长官卫立煌同朱总司令谈判。

4 月中旬，朱总司令奉中共中央指示在回延安途中，去河南洛阳同卫立煌谈判。这次洛阳之行非常重要，同卫立煌谈判关系到国共两党继续团结抗战的前途问题。去洛阳要冒很大的风险，一路上要经过日军的封锁线和国民党军的防区，更重要的是被朱总打败的反动顽固派的头面人物朱怀冰、孙楚等人都在洛阳，那里国民党特务活动也很猖獗。许多人都为朱总司令的安全担心。但是，朱总司令大义凛然，相信国民党军队不敢加害他。自信真理在握，民心所向，有共产党、八路军做后盾，又有马列主义的思想武器，一定能在政治上击退反共顽固派的进攻。为了保证旅途安全，八路军总部副参谋长左权挑选了一个人员充足、装备较好、干部较强的连队，担任总司令的随行卫队。

去洛阳的道路很不平坦，但是，由于朱总司令沉着机智，处置得当，终于平安地到达了洛阳，刚进入国民党军防区时，由于该地驻军不久前还同八路军发生过冲突，对立情绪仍很严重。但是，慑于朱总司令的威名，他们也不敢怎么样。总司令

诚恳地晓以团结抗战大义。同时，公正合理地解决了双方驻军间的纠纷，命令八路军归还了在反击时俘获的对方人员和枪支，提出今后不要再发生冲突，一致抗日，使那些国民党将领心悦诚服。他们不但没有任何对总司令不敬的言行，临行时还派兵护送朱总司令直到下一站。有的防区的国民党将领在抗战初滞留敌后时，曾是朱总司令的部下。此时，对总司令仍较尊敬。总司令就向他们分析、介绍抗战形势，宣讲团结抗战的必要性，使他们了解共产党、八路军关于维护和发展抗日民族统一路线的主张。朱总司令光明磊落的襟怀，真挚诚恳的态度以及所讲的团结抗战的道理，使国民党军将领们消除了对八路军的成见，增加了对朱总司令的敬意。在途经国民党军防区时，总司令不但没有受到威胁，而且得到了安全保证。

真正的危险是通过敌军的封锁线。一次，朱总一行在通过敌军封锁线时，突然遭到敌军炮击。朱总马上命令停止前进，就地隐蔽，敌军与朱总相距不过五六里，幸好敌军只是炮击，未派兵前来搜索。这样，一直等到夜里 10 点以后，才在当地老乡带领下，走小路继续前进。一路上月色昏暗，星光稀疏，谷深溪浅，山高路险，直到次日凌晨才到安全地区。朱总在这太行山的尽头，黄河边上，写下了著名的诗篇《出太行》：

> 群峰壁立太行头，
> 天险黄河一望收。
> 两岸峰烟红似火，
> 此行当可慰同仇。

过黄河以后，卫立煌派汽车把朱总一行接到了洛阳。

卫立煌是国民党军队中一位爱国的高级将领，他除了任第一战区司令长官外，还兼任第二战区副司令长官和河南省政府主席，抗战很坚决。他非常赞赏八路军，认为这是最优秀的抗日部队，曾亲自到八路军总部，表示要向八路军学习。他对朱总司令也很钦佩，在共同抗日中两人结下了深厚的友谊。他不参加国民党顽固派反对八路军的军事摩擦。当在河北、山西的双方军队打起来以后，他很为难，也很担心。朱总来到洛阳，他很高兴，举行了欢迎会。朱总在欢迎会上说：

"全国人民需要这种团结，国民党的大多数党员需要这种团结，共产党、八路军坚决要求这种团结。只有日寇、汪精卫等汉奸、投降分子和摩擦专家害怕这种团结。这种团结必须建立在进步的基础上。只有这样，才能克服困难，争取抗战的最后胜利。"

卫立煌原来担心国共分裂，中国人自己打起来，影响抗战。朱总讲话强调团结，很合乎他的心意。所以，谈判很顺利，气氛很融洽。他对朱总一行的招待，也很热情周到。膳食很丰盛，除每天三餐外，晚上还有夜餐。朱总在洛阳期间，卫立煌天天开招待会，著名豫剧演员陈素真等都曾在招待会上演出。卫立煌的态度如此，那些聚集在洛阳的反共顽固派头面人物和国民党特务，虽想加害朱总，此时，也不敢轻举妄动。他们只能在各种场合歪曲事实，提出一些诬蔑八路军的问题，企图刁难朱总。但是，谎言终究遮盖不住事实。朱总有理有力地一一加以驳斥，弄得这些顽固分子无言以对。他们没有别的办法，只能到蒋介石那里去诬告。但是，他们抗日无能，摩擦无理，一时间，蒋介石也奈何不得朱总司令和他率领的八路军。

在洛阳谈判取得成功后，朱总就按中共中央的指示回了延安。

（龚希光）

垦荒屯田度时艰

1941 年 1 月，延安枣园。

数九寒天，冰冻三尺，凛冽的西北风刮得树丫发出"咯吱、咯吱"的裂响。

窑洞里，暖融融的，一盆炭火烧得正旺。朱德用铁钎子慢慢地拨拉着盆中的炭块，不时地抬起头向门口望去，像是在期待着什么……

自从国民党顽固派对陕甘宁边区实行军事包围和经济封锁后，边区的财政经济发生了严重的困难，军民生活异常艰苦。为了渡过难关，党中央提出了生产自给的方针，号召边区部队自己动手，自力更生，开展大生产运动。去年 6 月，他从山西抗日前线回到延安后，在领导军委工作的同时，还承担起边区的生产指挥工作。眼下，离春耕播种的时节越来越近，他正在为边区部队垦荒屯田的布置日夜操劳着……

"总司令，他来了！"警卫员裹着一股寒气闯了进来。

"快让他进来。"朱德连忙起身吩咐道。

门被推开了，进来的是一个二十五六岁的年轻人。

"总司令，您好！"年轻人摘下帽子，笑着问候道。

"你是刘宗义同志，对吗？"

"是的。"

"来，快坐下谈谈你到南泥湾勘察的情况。"

朱德一边说着，一边给刘宗义倒了一杯水。

原来，担任延安专区工程管理局分局长的刘宗义接受了一项任务，带领30人的队伍去南泥湾勘察地形。他们在荒无人迹的山川丛林中，披荆斩棘。转了10多天，终于完成了任务。刚一回来，专员马锡五就通知他，说朱总司令要见他。

　　刘宗义怀着激动的心情向朱德总司令详细汇报了南泥湾等地的情况。朱德不停地在本子上记着，还不时地提出一些问题。

　　"刘宗义同志，你做了一件大事。"谈话结束后，朱德握住刘宗义的手称赞道。

　　"这是上级交给我的任务，我自己……"刘宗义腼腆地笑着，涨红着脸说。

　　"我给总部炮团武亭团长写封信，要他立即率领炮团随你入南泥湾。"朱德兴奋地说着，铺开纸写起信来。

　　2月里，大地还没有解冻，朱德便带着中央直属财经处处长邓浩、三五九旅七一八团政委左齐以及几名技术干部亲自来到南泥湾。

　　"真是一块好地方！"朱德望着空旷无际的山川原野，赞不绝口。

　　"总司令，这回我们就不愁没有粮食了，我们七一八团一定要把这里建设好。"左齐满怀信心地说。

　　"好嘛！你们要把打仗的劲头拿出来，在生产中当模范，为边区部队以至各解放区部队做出表率。只要有了粮食，就不怕敌人封锁我们。毛主席讲过，在我们面前只有三条路，一是饿死；二是解散；三是搞生产运动。看来，我们只能走第三条路，别无选择。"朱德放下望远镜，严肃而认真地对在场的人说。

　　白天里，朱德一行翻坡过川，边考察，边规划。夜幕降临时，他们终于找到了几户人家，便决定在附近废弃的窑洞里

107

宿营。

一堆篝火在窑洞前燃起。大家围坐在火堆旁，一边吃着干粮，一边闲聊着。朱德吩咐警卫员去找这里的老乡。

不一会儿，警卫员领着一位须发斑白的老汉来了。朱德亲热地和老汉打着招呼，而后和他摆起了"龙门阵"。谈话中，朱德了解到老汉姓唐，原籍四川，早年随父辈逃荒离开四川，已经在这里生活、劳作了五六十年。

"老人家，我们八路军要来这里开荒种地，请你当个顾问，帮助我们出出主意，行不行啊？"朱德拍着唐老汉的肩膀，亲切地说。

"出主意，咋个不行，这方圆几十里，我熟得很。八路军为咱穷人翻身打仗，我这把年纪，虽说不中用了，为八路军带个路还没啥子事哩！"唐老汉说着，愈发激动起来。

"好嘛，"朱德微笑着，说道，"军队和老百姓团结起来，共同粉碎国民党顽固派的封锁。我们不仅要开垦南泥湾，把南泥湾建成陕北的江南，将来还要建设新中国。"

夜深了，大伙儿却没有丝毫倦意，围坐在熊熊燃烧着的篝火旁，说着，笑着。

回到延安不久，一个开垦南泥湾的规划方案产生了。三五九旅、警卫团、教二旅等部队相继开进了南泥湾、金盆湾、陶宝峪等地，一场轰轰烈烈的大生产运动在这里掀起了高潮。

1942年7月，正是鸟语花香、五谷丰登的时节，朱德邀约了徐特立、吴玉章、谢觉哉、续范亭等一同前往南泥湾参观。经过开垦的南泥湾，像是换了一个地方，一年多前的荒凉景象荡然无存，除了开垦的良田外，还建起纺织厂、造纸厂、养蜂场、畜牧场、合作社和休养所。南泥湾的变化，使朱德和几位老人兴奋不已，纷纷欣然提笔，即兴赋诗。朱德写道：

纪念七七了，诸老各相邀，

战局虽紧张，休养可不少。

轻车出延安，共载有五老。

行行卅里铺，炎热颇烦躁。

远望树森森，清风生林表。

白浪满青山，绿叶栖黄鸟。

登临万花岭，一览群山小。

丛林蔽天日，人云多虎豹。

去年初到此，遍地皆荒草。

夜无宿营地，破窑亦难找。

今辟新市场，洞房满山腰。

平川种嘉禾，水田栽新稻。

屯田仅告成，战士粗温饱。

农场牛羊肥，马兰造纸俏。

小憩陶宝峪，青流在怀抱。

诸老各尽欢，养生亦养脑。

熏风拂面来，有似江南好。

散步咏晚凉，明月挂树杪。

　　南泥湾的创举，推动了全国各解放区军民的生产热潮，使八路军在艰苦卓绝的抗日战争中渡过了最艰难的时期。当陕甘宁边区的军民喜庆丰收的时刻，又怎能忘记朱总司令为此倾注的大量心血呢。

（姚建平）

大青马的新故事

在北京中国人民革命军事博物馆里，有一个"朱德、彭德怀、贺龙、陈毅、罗荣桓元帅光辉业绩展览"。

许多参观者来到朱总司令立马远眺的那张照片前，久久凝望着，不愿离去。

你看那匹大青马英姿勃勃，引颈昂首，两只圆睁的大眼睛，注视着前方，机警地竖起两只耳朵，像是谛听着风吹草动。它那宽阔的前胸，平坦的马背，紧紧收缩的腹部，两条笔直细长的前腿和两条微微弯曲的后腿，四只碗口大的蹄子……多么像出自雕塑家之手的一件艺术珍品，一匹无法比拟的骏马。

总司令对这匹马十分疼爱。平时，他常常叮咛饲养员好好照看，要按时喂草、上料、饮水、蹓马，定期洗刷。他稍有空闲，便亲自到马厩去看看大青马，轻轻抚摸着它，对它讲这讲那。大青马像能听懂人话，见了总司令格外亲热，打着响鼻，拱着嘴，前蹄不停地踏着地……

说起这大青马，真还有一段曲折的身世呢！它原是日军独立混成第二旅团旅团长阿部规秀中将的坐骑，参加过侵华战争。1939 年 10 月下旬，日军调集两万兵力，对抗日根据地晋察冀的北岳区，进行"扫荡"，晋察冀军区集中兵力，于 11 月 3 日将日军第二旅团的 600 余人歼灭在雁宿崖地区。日军第二旅团旅团长阿部规秀恼羞成怒，亲率敌军 1500 多人向八路军反扑，11 月 7 日在黄土岭战斗中，被八路军歼灭九百余人，阿部规秀也被击毙，缴获了他的坐骑大青马。聂荣臻司令员就把它送给了朱总司令。从那以后，大青马也加入了革命行列，开始了革命生涯，跟随朱总司令南征北战。后来从抗战前线到了革命圣地延安。

一天，总司令对警卫员说：

"你到管理局领一辆大车，把大青马套上去拉运输吧！"

周围的几个同志一听都懵了：总司令的马去拉大车，这怎么行呢？都撅着嘴不同意。

总司令看出了大家的心思。他不慌不忙，耐心地对大家说：

"大青马，是匹好马。它是咱们的战利品，自从参加革命后，作了不少贡献。大家爱它，我也爱它。这匹马有劲，老不用就可惜了。现在，南泥湾大生产丰收了，但缺乏运输工具，粮食、白菜、木料、木炭都拉不回来，怎么行呢？现在是生产重要呀！大青马既是匹好马，就让它为革命多做点贡献吧！"

在总司令的说服下，警卫员愉快地拉着大青马，架着车去搞运输了。

"总司令的大青马去拉车了！"

消息在延安一传开，许多有马的领导干部，都主动地把马献出来，运输困难的问题一下子得到了解决。

三五九旅还组织了一支有 400 多人八百匹牲口的运输队，辗转不停地奔走在黄土高原上，为发展生产，促进贸易，繁荣经济，支援战争，起了很大作用。

（周中菊）

不能有特殊党员

在延安的大生产运动中，从党中央的领导机关到部队、学校和各级政府部门都动员起来了，正在热烈地讨论生产计划，落实党中央发出的开展大生产运动的号召。

这天傍晚，朱总司令所在的党小组，也在热烈地讨论着生产计划。大家你一言，我一语，有的说要种菜，有的说要纺纱，有的说……大家越说，觉得门路越多，劲头也越大，很快分配了任务，并决定立即动手干起来。

机灵鬼小李是总司令的警卫员，他爱说爱笑爱出洋相。他环顾了一下四周，像发现了新大陆一样，伸长了脖子，睁大了两眼，说：

"哎，同志们，糟了！今天开会，怎么忘了通知总司令？"

可不是吗？每次开党的小组会，总司令都参加。今天怎么没来？大家也有些纳闷。

党小组长压低声音，好像怕人听见似的说：

"总司令已经五十多岁了，怎么能给他分配任务？这回我可是故意不通知他的。至于他的生产嘛！我们包下来，大家看怎么样？

"对！对！"大家一致同意这个意见。

没有不透风的墙。不知怎么搞的，总司令知道了开党小组会的事。

112 第二天，一大早他就找到党的小组长，问：

"昨天开小组会，为什么不通知我参加？"

"昨天的小组会讨论生产计划。总司令太忙了，我们就不打算给您分配生产任务了。所以，没有通知您。"党小组长理直气壮地回答说。

"唉！——"朱总司令恳切地说："那怎么行！毛主席号召我们'自己动手，丰衣足食'。这么大的事，我怎么能不参加呢？"

接着，他以亲切的口吻说："同志，在我们党内，每个党员权利和义务都是一样的，党内不能有特殊党员。我建议党小组重新开会。"

这一"军"，可把党小组长"将"住了，只好重新开小组会研究生产任务的分配。

小组会上，朱总司令首先发言：

"我是一个普通党员，要坚决完成党小组分配的任务。请大家看看，给我分配什么任务？"

这一问，大伙都愣住了，你看看我，我看看你，不知该如何回答。对于朱总司令，大家都非常了解，他对自己要求非常严格。每次交党费，他总是把最新的钞票交给党小组长；每次过组织生活，他都要求参加；党小组分配的任务，他都是积极完成。可是，这次是生产任务。他工作那么忙，年龄又那么大，怎能让他动手呢？大家都在苦苦思索着。这时，小李想出了个点子。他说：

"我们的原则是根据'所长'分配任务。我们这些年轻力壮的小伙子，当然应该多干点。总司令嘛，我看当个预备队员，需要的时候，再招呼您！"大家都称赞小李的意见。

可是，朱总司令却不慌不忙，据理反驳：

"中央的号召，每个党员都要积极执行。你们都积极了，就让我一个落后？我可是不愿做'尾巴'的。"

这一招，谁也没有料到，说得大家都没词了，只好同意总司令和一名炊事员、一名警卫员担当起为机关种二亩菜地的任务。机关食堂里三十多人吃的菜，全由他们三人包了。

朱总司令争到任务，可高兴啦。他准备好了镢头、锄头、扁担、筐子，墙上还挂着一把弯弯的镰刀。

从此，每天傍晚，朱总司令同警卫员、炊事员一起抬水、浇地、薅草……那小菜园整理得整整齐齐，畦梁子拍的又光又直。一到夏天，菜地里一片碧绿。嫩绿的白菜，鲜红的西红柿，尖尖的辣椒，长长的黄瓜，谁看到都嘴馋。延安中央机关和部队里的不少人，都来这里参观过。他们把这个小菜园叫做"小南泥湾"。

一天，贺龙同志看过后，翘起大拇指说："总司令呀！你不但是一个身经百战的军事家，还是一位种菜行家哩！"

1943年末陕甘宁边区召开劳动英雄大会，举办边区生产展览会，朱总司令不仅在开幕式和闭幕式上讲了话，还把自己种的一个大冬瓜送去展出，许多人看了都很激动。有一位老同志看后，即兴赋诗一首：

工余种菜又栽花，统帅勤劳天下夸；
愿把此风扬四海，逢人先说大冬瓜。

（周中菊）

要永远艰苦奋斗

朱德的生活很俭朴，是全党全军闻名的。在战争年代里，他的全部家当，只有从长征路上带过来的两只公文箱，里面装着文件和几件穿了四五年的旧军装。衣服的肩头和两膝两肘都打了补丁。几个警卫战士曾多次提出给他去换套新的，都被他制止了。

一天，有位后勤部门的领导同志来向朱德汇报工作，看到他那身到处打着补丁的衣服，临走时，专门对警卫员说：

"小鬼，怎么能让总司令穿这么破旧的衣服呢？跟我去换套新的吧！"

警卫员从总司令的箱子里，挑了一套最破的衣服，拿去换了一套新军装。

朱德看到警卫员拿回来的新军装，问明原因后，立即让他退回去。说：

"大家都很艰苦，不要给我领新衣服，旧的补一补还可以穿嘛！"

警卫员只得将新军装退回去，把那套破衣服拿回来。可衣服太破了，便找来针线，在那旧补丁上，再补上一层新补丁。

朱德看到警卫员往旧补丁上补新补丁，就走过来，亲切地对他说：

"补衣服也是有讲究的，要先把旧补丁拆下来，再钉新补丁。这样补上，才板正牢靠。拆下来的旧补丁，还可以打褙

115

褙，纳鞋底。为了革命，我们要事事精打细算，要处处节约！"

朱德身上那套棉衣，还是红军长征到陕北后发的，早该换件新的了。可是，同志们几次提出给他换衣服，不是被他制止，就是受到他的批评。

1942年，秋天已过，眼看着寒冬来临，大家又都为总司令的棉衣犯起愁来：换新的吧，他肯定不会同意；不换吧，那破棉衣已经穿了六七年了，怎能御寒呢？最后，几个警卫员决定今年冬天说什么也得给他换套新棉衣，要不怎么去接待来边区的客人呢？要是总司令不同意怎么办？不知谁出了个主意，到时候总司令问起来，就说棉衣送去拆洗了，因为太破，不能再做了，只好换了套新的。

可是，谁能想到，第二天，总司令突然问起警卫员小朱：

"我的棉衣哪去了？"

"送去拆洗了，过两天就可以拿回来。"

"拆洗什么？棉衣还很干净的，用不着拆洗嘛？破的地方补一补就行了。"

小朱有点为难了，没有答话。

朱德说：

"还是快去取回来吧！"

就这样，警卫员想给总司令换棉衣的计划又落空了。

1945年的冬天又到了。朱德还是穿着那套补了三层补丁的旧棉衣。在他身边工作的老警卫员，向他恳求说：

"总司令，鬼子都投降了，您也该把旧棉衣换换了！"

朱德笑了笑语重心长地说：

"是的，日本侵略者投降了。但是，革命没有完结，永远要艰苦奋斗！"

（刘学民）

整风中的一件小事

在延安整风、审干运动中，由于康生的干扰，曾一度出现乱批、乱斗、乱打人的现象，后来虽然被毛主席发现纠正了，但在有些单位中已经造成了严重的后果。当时，朱总司令直接领导着军委机关的整风、审干工作。他对待各项工作，特别是涉及人的处理问题，十分严肃、认真、稳重，严格掌握党的政策，坚持重证据、重调查、重表现，要求不错批、错斗一个好人。

由于在整风、审干中对敌情估计过于严重，曾有些过"左"的做法；但是，搞逼供信是在康生发起"抢救运动"后才盛行起来的。所谓"抢救运动"就是抢救"失足者"运动，把许多同志，特别是从国民党统治区到延安来参加革命的同志被怀疑是国民党派遣的特务，即"失足者"，要他们交代。对不承认自己是特务的人，就采用逼供信的办法。当这个"抢救运动"盛极一时的时候，军委机关中有些同志也想搞"抢救运动"，被朱总司令制止了。

军委机关有个高参室，其成员投身革命前，大多是国民党军队的高级将领，按照康生的逻辑，这些人无疑需要重点"抢救"。高参室的高参们顾虑重重，情绪很紧张。朱总司令嘱咐高参室的领导同志要严格掌握政策，不许乱来。同时，主动找这些同志谈心，消除他们的顾虑，实事求是地向党交心。其中有一位高参，曾在国民党军队任过参谋长，思想顾虑特别

117

严重。有人怀疑他是"军统特务",提出要公开批斗他。朱总司令派人查看了他的全部档案,结合他的现实表现,认为这种怀疑没有根据,阻止了召开批斗会的错误做法。

批斗会虽未开成,但这位高参还感到精神压力很大,也感到很委屈,就写了三首诗,贴在窑洞门口,表示自己是真心投向共产党,参加革命,不是想当官,也不是特务。朱总司令知道后,也和了三首诗,大意是说我们相信你,欢迎你参加革命。这使他很感动,顾虑也就打消了。后来,这位高参重新愉快地投身革命工作,作出了新的贡献。

(龚希光)

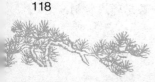

总司令与杨步浩

1944 年 7 月 23 日，天刚麻麻亮，杨步浩赶着三头毛驴，驮上一石新收的麦子就上路了。他这是去见朱总司令。你看，这位精干瘦小的中年汉子，心里有多么甜美，嘴里还唱着秧歌词呢？

> 一唱毛泽东，坐镇延安城；
> ……
> 二唱八路军，朱德总司令；
> ……

杨步浩来到朱总司令住地王家坪时，碰巧，总司令出外看庄稼去了。杨步浩卸下麦子就要回去。他对康克清大姐说：

"这是我为总司令代耕的一石麦子。"

康克清硬把他挽留住，说：

"好些日子没来了，总司令可惦记着你呢！等一等，他晚上就回来了！"

"总司令惦记着我，我更想他老人家！"杨步浩没有推辞就住下来了。

要说起杨步浩为朱总司令代耕，还得从那年春节说起。

春节期间，延安各界派出代表领着秧歌队慰劳八路军。延安县劳动英雄杨步浩来到金盆湾慰问子弟兵，亲眼看到军队开

119

展大生产以来取得的成绩非常高兴。他听说当今在边区从总司令到每个战士，人人参加生产，都有生产指标，特别受感动，当场表示要为公务繁忙的总司令代耕一石细粮，让总司令腾出更多的时间去处理军务大事。他回到家里，就盘算着怎样才能多打粮食。他为了能让小麦增产，在麦地里多施了肥，犁了三遍，磨了两遍，地锄得也比往年早。真是"人勤地不懒"。他种的14亩麦地，收了14石麦子，比别人多了两倍。

晚上，朱总司令风尘仆仆地回来了，见到杨步浩，亲切地询问他的家庭情况。杨步浩说：

"我在旧社会受地主剥削，没有吃，没有喝。革命后，共产党给我分了土地窑洞和牛羊。现在，我一家人好吃、好喝、好穿、好戴。您保护了我们过安宁的日子。今天，给您老人家代耕这一石麦子，是我的一点心意，表达我感谢共产党和八路军对我的恩惠。"

朱老总笑着说：

"嘿，你一天受苦受累的，还要替我代耕，我可得好好谢谢你啊！"

听到朱总司令赞扬自己，杨步浩红了脸，他忙说：

"我们忙什么？比总司令差得远了。"不知是激动，还是局促，他端起茶杯，咕嘟咕嘟地喝了个干。

朱总司令又满满地给他倒了一杯水，兴奋地说：

"今天，我去各处看了看庄稼，长得很不错，你那里怎样？"

"好着哩！麦子丰收了，大秋苗架好，准得大丰收。"

当朱总司令听说杨步浩的婆姨有病时，就再三劝说：

"你婆姨的病治不好可以送到我这里来。这里有好医生，有好药。"听了朱总司令的话，杨步浩心里热乎乎的。

夜深了，朱总司令把杨步浩送进住室，还再三安顿说：

"和在你家里一样，好好睡吧！"

杨步浩怎能睡着呢？他心想朱总司令操心着革命大事，指挥着千军万马，还常想着我们庄稼人。庄稼人想不到的，他想到了，庄稼人刚想的，他就办到了。一宗宗，一件件的小事，在杨步浩的脑海中闪过，他流出了热泪，枕巾都湿了一大片。

第二天，天蒙蒙亮，朱总司令早已起床，来到菜园里，摘了一筐自己种的西红柿，对杨步浩说：

"这西红柿是我自己种的，你拿回去和乡亲们尝尝。"并再三地嘱咐杨步浩：

"回去一定要把庄稼种好，夺得大丰收。"

杨步浩回到家里，对乡亲们说：

"今天，咱们更要努力生产，拥护革命，支援军队。"

朱总司令和杨步浩结下的深厚友谊，从延安到北京，几十年如一日，从未间断过。他们虽然相距千里，心却是相通的。总司令只要知道有人从延安来，就会请他回去时看看杨步浩，捎上几句问候的话，带点东西去。杨步浩虽然身在延安，也一直惦记着总司令，只要有机会到北京，不论开会、学习多么忙，也总要抽空去看望总司令。在十年动乱中，杨步浩听说北京城里有人贴大字报，诬蔑总司令是"黑司令"，还要批斗他。杨步浩的肺都要气炸了，他站在延河边上，面对着宝塔山，长吁短叹地呼喊着："作孽哟！子孙后代也饶不了你们这些坏蛋！"在那些难熬的日子里，他多想去北京看看总司令呀！

这一天，终于盼到了。

1975 年国庆节，他应邀到北京。得到这个喜讯后，他几天都合不上眼，许多往事涌上心头，像放电影一样，一幕连着一幕，再现在眼前。他想得最多的是总司令，是延安大生产运动。再过几天就要见到他老人家了，怎能不想呢？要上北京

去，该给他老人家带点啥东西好呢？全家人没有个主意，合计来合计去还是带点延安的小米吧！也算表达一点延安人的心意。

杨步浩到了北京后，朱总司令就邀请他到家里做客。

这一天，杨步浩带着一袋金黄色的延安小米，来看望总司令。

"总司令，您好啊！我们延安的乡亲们都想你！让我来看你来啦！"

"好！好！我也想延安！想乡亲们啊！"

"给您带来点延安的小米，这都是我们自己种的，请您尝尝！"

"谢谢你！我们吃了十几年延安小米，见到小米格外亲，就想起了延安，想起了延安精神！"朱总司令双手接过一袋小米，无限深情地怀念着延安！

那天，总司令还留下杨步浩在家里吃了午饭，并同他一起照了相。吃饭时，朱总司令和杨步浩坐在一起，无拘无束地拉起了家常。总司令非常关切地问起了延安人民的生活和生产情况以及新的建设成就。杨步浩告诉总司令在什么地方盖起了楼房，在什么地方修建了工厂。总司令听了十分高兴地说：

"延安，是该好好建设建设了！"他还再三叮咛说：

"告诉大家，一定要把生产搞好！生产发展了，生活才能提高！"

临别时，总司令送出杨步浩，还说：

"欢迎你再到北京来！回去代我向延安的乡亲们问好！"

（周中菊）

我们一定会有自己的海军

　　延安的九月，正值金秋时节，红彤彤的高粱，黄澄澄的谷子，在微风的吹拂下，摆动着硕大的穗头，仿佛在呼唤着收获的人们。

　　夕阳西沉，余晖映在清凉山上，巍然的宝塔矗立在山顶，像是一名威武的哨兵，巡视着周围的山山水水。

　　在空场上、窑洞前、延河边，八路军的干部战士们聚集在一起，有的在打篮球、排球，有的在唱歌、做游戏，有的在纺线、洗衣裳。

　　这是 1943 年 9 月的一天。

　　晚饭过后，朱德和康克青，还有总部的几名工作人员，一同来到延河边上散步。闲暇时，朱德总是喜欢到河边走一走。一路上，大家不时被朱德那诙谐的话语引得笑声不断。

　　这时，一群鸭子顺着延河水游了过来，大家伫立在河边凝视着在水中嬉戏的鸭群。

　　"老总，"康克清亲切地称呼朱德，开着玩笑说，"你的舰队开过来了，你数一数，到底有多少只军舰？"

　　康克清的问话把在场的人都逗笑了。

　　"你可不要小看这支舰队，它们会很快发展起来的。"朱德指着鸭群，微笑着说道。

　　"总司令，我们什么时候才能建立一支海军部队？"曾经担任总部作战科长的黄鹄显问道。

朱德听罢，收敛起笑容，表情真切地对大家说："虽然我们目前还不具备条件，但是，等到新中国成立后，我们一定会有自己的海军。"

短短的两句话，使大家陷入无限的遐想之中，他们多么希望这一天能够早日到来啊！

时隔6年，中国人民解放军以摧枯拉朽之势，打垮了国民党反动派。1949年4月，人民解放军的第一支海军部队——华东海军组建起来了。朱德在为华东海军的题词中勉励他们："虚心学习，努力工作，建设一支人民海军。"

一年之后，海军领导机关组成，从此，正式成为中国人民解放军的一个军种。朱德当年的预言变成了现实。

朱德在担任人民解放军总司令期间，十分关心海军的建设。他曾经寄语海军官兵，我们已经有了人民的海军，虽然建立不久，舰船还不多，设备还不够完善，许多事情需要从头做起。但是，经过一定时期的努力，我们必将拥有一支强大的和陆军同样英勇善战的海军部队。他曾经多次视察海军部队，并且号召海军要为保卫国防，防御帝国主义的侵略，实现海军现代化做出贡献。

1974年8月，年届88岁高龄的朱德风尘仆仆地来到河北秦皇岛码头，登上了我国自行设计制造的新型驱逐舰。朱德听说军舰的零件设备都是自己生产制造的，他紧紧地握住海军官兵的手，兴奋地对大家说："谢谢同志们为建设强大的海军努力奋斗！"

操练演习开始了，当朱德看到一艘艘新型的舰艇劈波斩浪、飞速前进的雄姿时，他欣慰地笑了。此时此刻，也许他想到延河边上的那次对话，也许他想到海军建设的未来，也许……

（姚建平）

"人民的光荣"

1946 年 11 月 30 日，党中央在延安为朱德 60 寿辰举行庆祝会。

上午，延安的大街小巷插满了大大小小的红旗，在中央大礼堂的门口，悬挂了一块红布，上边用黄米粘成一个斗大的"寿"字。寿堂正中的墙壁上，悬挂着毛主席亲笔题词"人民的光荣"。中央的贺幛上，写着"万年长青"四个大字，贺幛的下面，摆着一盆郁郁葱葱的凤尾菜，菜心正中一个金色纸剪的"寿"字，金光四射，满堂生辉。寿堂两侧的长桌上，摆满了各地群众送来的寿桃、果品和鲜花，五颜六色散发着扑鼻的清香。

中午 1 时许，朱总司令在一片锣鼓声和欢呼声中，乘车来到了寿堂门前。他身穿一身普通的灰布军服，外面罩着一件斗篷，步履轻捷。孩子们向他献上一束束的鲜花表示祝贺，激动的人们高呼着"毛主席万岁！""朱总司令万岁！"

当天晚上，中央大礼堂举行了庆祝大会。人们频频为朱总司令举杯敬酒。

刘少奇代表党中央致贺词："朱总司令六十年来为中国人民所做的事业，是中国共产党和中国人民最优秀的结晶，给予党和人民极大的光荣……"

接着，周恩来讲话，他说："我愿代表那反动统治区千千万万见不到你的同志、朋友、人民、向你祝寿……亲爱的总司

令！你六十年的奋斗，已使举世人民公认，你是中华民族的救星，劳动群众的先驱，人民军队的创造者和领导者……你为党为人民，真是忠贞不二。你在革命过程中，经历了艰难曲折，千辛万苦，但你永远高举着革命的火炬，照耀着光明的前途，使千千万万的人民能够跟随着你，充满了信心向前迈进。……你的革命历史，已成为20世纪中国革命的里程碑……你的强健身体，你的快乐精神，象征着中国人民的必然兴旺。人民祝你长寿！全党祝你永康！"

周恩来的话，代表了所有人的心声，会场上响起了热烈的掌声。

当朱总司令从座位上站起来，迈着坚实的步伐向讲台走去的时候，会场上的掌声长时间的不停。他镇静地站了一会，用饱含深情的语调说："我衷心感谢党和同志们对我的热情祝贺。中国人民很早就干革命，前仆后继。我是一个农民的儿子，所有农民的儿子都是要革命的……那时不成功是摸不到路，后来找到了，加入了中国共产党。我虽然已六十岁了，但帝国主义的年纪却比我大得多哩！他们还能活多久？反动派一定失败，中国人民一定胜利。我自信可以亲自看到中国革命获得成功。"

总司令的话，表现了革命者乐观主义精神。

这些天来，前线的干部、战士们从硝烟弥漫的战壕里写来了贺信。

红色电波传来了战斗在各个解放区战场的将士们的贺电。纷纷表示要用自卫战争的伟大胜利作为朱总司令祝寿的礼物。

1946年6月底，在美帝国主义支持下的国民党、反动派，认为他们已经在"和平谈判"的掩护下完成了发动全面内战的充分准备。于是，他们便悍然撕毁"停战协定"和"政协决议"，向解放区发动全面的军事进攻。10月，中共中央详细总结了全国规模的内战爆发以后三个月战争的一系列的胜利和经验，指出在战争的头三个月，国民党反动派进攻解放区的全部正规军一百九十几个旅已被歼灭了二十五个旅。"今后一时期内的任务是再歼灭敌军约二十五个旅。这个任务完成了，即可能停止蒋军的进攻。那时的任务，是歼灭敌军的第三个二十五个旅，果能如此，就可以收复大部分全部失地，并可以扩大解放区。"

根据当前的形势和任务，中央向全党、全军发出号召，向朱总司令学习，用实际行动去迎接由战略防御向战略进攻的转变。

正如中央在祝词中说："今天反动派还在进攻，反动派的进攻还没有被打退，但是这个时间不远了，你的寿辰正是战斗的号召，胜利的号召！"

解放区军民为总司令祝寿的热烈情景，正是表现着高涨的士气与强固的民心。

在全党全军为朱总司令祝寿时，都表示要更好地学习他的忠心耿耿，全心全意为人民服务的精神，誓与国民党反动派斗争到底，夺取新的胜利。

（王纪一）

总司令三考"孙胡子"

1947年秋末冬初，年过花甲的朱德由党中央所在地河北省平山县西柏坡村出发，来到冀中平原的河间、安国、饶阳一带，进行调查研究。他调查的范围很广，除了军事问题外，还对土地改革、工农业生产、财政贸易、交通运输、文艺卫生等多方面，进行考察。在调查研究过程中，还对干部进行了深入细致的思想教育。

11月1日，朱德来到河间县的黑马张庄。这个村子，当时是冀中区党委所在地。据说，清代传奇式人物窦尔敦曾在这里养过马，所以，起了这么一个名字。朱德一住进这个村子，就对全村的阶级状况和政治经济情况作了调查。那时，冀中军区司令员是孙毅，大家称他"孙胡子"。孙毅汇报工作时，朱德首先提出一个问题。

"孙毅同志，你在这个村时间不短了吧！你知道这个村有多少户地主、富农、贫农吗？"

孙毅被问住了，一时答不上来。

朱德说："光懂得打仗还不够，其他方面的情况也要了解。阶级状况不搞清楚，党也睡不安稳嘛！土地改革，是关系到解放战争能否取胜的大事，军队干部不能不关心啊！"说着，又让秘书把调查来的材料详细地讲给孙毅听。

说起黑马张庄这个村名的来历时，朱德又问孙毅：

"你知道窦尔敦同黄三泰父子争斗的传说吗？"

这个故事孙毅倒是大略知道一些，还能答得上来，但朱德并不满足，又进一步问：

　　"为什么窦尔敦打了败仗呢？"看到孙毅在沉思，他接着说："窦尔敦有勇无谋，中了敌人的计，所以失败了。历史剧中的《连环套》讲的就是这个故事。张学良在西安事变后，被蒋介石囚禁起来，周恩来同志说张学良中了'连环套'，也是指这个故事。有勇无谋，不能识破敌人的诡计，就要招致失败，这是兵家大忌，我们要记住这些历史的经验啊。"

　　朱德这一番话，使孙毅深受启发。他理解到敬爱的朱总司令是通过讲故事来引导自己，要加强学习，努力做一个智勇双全的无产阶级军事指挥员，不要做窦尔敦式的草莽英雄。

　　朱德白天进行调查研究，晚上偶尔也看看地方戏。有一次，孙毅陪同朱德观看河北梆子，演出的剧目是《宇宙锋》。舞台上第一个出场亮相的人身着朝服，满脸涂白，朱德问孙毅：

　　"你知道这个人叫什么名字？"

　　孙毅说："他还没有通名报姓呀！我不知道？"

　　朱德说："他叫赵高，有政治野心，专横跋扈。看来你对历史剧不熟悉。看历史剧，可以从中学习历史知识、社会知识，对我们打仗也有启发和帮助。"

　　河北梆子这个剧种，腔调高亢激昂，朱德一边听戏，一边又问孙毅：

　　"你是河北人吧？你知道河北的地方戏为什么这么高亢呢？"这一下又把孙毅难住了。朱德稍等片刻，又慢慢地接着说：

　　"据我想，这同河北的历史、地理条件有关系。自古燕赵多慷慨悲歌之士。到了辽、金时期，河北一带常受外族统治者欺凌，战争频繁，人民受压而不服，情绪慷慨激昂，这种感情

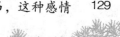

必然反映到戏曲中来。"

讲到这里，朱德又把话题从历史引向现实，语重心长地对孙毅说：

"自古以来，众多英雄，令人敬佩。但是我们现在需要的英雄，与过去不同，仅仅是慷慨悲歌、讲义气还不够，还要讲阶级性，讲党性。光讲义气，容易走向个人英雄主义。我们提倡的是革命的集体英雄主义。"

在将近一个月的时间里，朱德同孙毅有过多次谈话，每次都是循循善诱，言简意深。40多年之后，孙毅将军仍然念念不忘这段总司令三考"孙胡子"的往事。他常常对别人说："朱总司令同干部谈话，总是推心置腹，直截了当，一点架子也没有。他虽然将了我几'军'，但对我帮助很大，终生受益不浅。"

（冯若赐）

老总妙计破石门

今天，当我们走过石家庄中心广场，就会看到那高耸入云的石家庄解放纪念碑，犹如一柄在战火中锻造的利剑，直刺蓝天。它是英雄的石家庄人民胜利的象征。

1947年解放战争的形势发生了历史性的转折，人民解放军由战略防御转为战略进攻，战争主要是在国民党统治区进行。华北平原成为整个战局中的热点之一，部署在石门和京津保地区的敌军有10余万人。

夺取敌人盘踞的大中城市，成为当时迫切需要解决的新课题。

朱德总司令受党中央的委托，从陕北来到晋察冀指导工作。为了解决这个问题，他深入前线部队，亲自审问俘虏，调查敌军情况，研究战役部署，组织部队学习攻坚战术，亲临前线指导石家庄战役。

石家庄当时叫石门市。1925年，因石家庄和休门等村合并，各取首尾一字，才定名为"石门市"的。它是华北平原上的一个重镇，平汉、正太、石德铁路交会于此。因为它地处平原，无险可守，敌人便在石家庄建起了坚固的城防，筑有3道防御体系：以7米深、8米高、长约40公里的外市沟，作为第一道环形防线；以深宽各8米，沟外设有铁丝网的内市沟，作为第二道防线；在市中心以大石桥、火车站等坚固建筑物，为核心工事，并筑有大小壕沟，作为第三道防线。在敌我

装备悬殊的情况下，拿下石家庄确实是不容易的。

河北安国一间普普通通的农舍里，晋察冀野战军四方虎将聚集一堂。墙上挂着一张从敌人手里缴来的石家庄地图，上面标明了敌人的防御工事、兵力部署及火力配置。

会议开始后，各位将领把敌我双方实力作了比较，分析了双方的有利因素和不利因素，会议开得热气腾腾。

最后作结论的是朱总司令。

他穿着那套褪了色的军装，操着浓重的四川口音说：

"我这次到晋察冀来，主要是抓两件事：土改和打仗。前一段，一直忙于开土改会议。现在，土改会开完了，就轮到打仗这一坨了。这些天，我召集炮兵、工兵的同志开过会，主要是研究步炮协同、土工作业问题，也找一些俘虏进行了调查。敌第三军里有不少人是滇军的老底子，从根上说，他们都还是我的部下呢！当然了，几天前，他们是绝对不会听我这个总司令的招呼喽！"

老总的话，引起一片欢快的笑声。

"说到打石门，我是赞同的。今年春天，聂荣臻同志就跟我谈起过打石门的设想和准备。蒋介石看不起我们，说我们是土八路，只配钻山沟、打游击。前一时期，国民党的新闻局长还说，共产党的'全面反攻'喊了很久，到现在还没有打下一个大城市。你们也许会说，我们打下过张家口。可是，人家不认账，说那是苏联红军帮助打下的。就冲这一点，我们也要打下石门，给他们看看。我们晋察冀的同志有没有信心，创造夺取大城市的先例？让党中央和毛主席看看，也给南京的蒋介石看看！"

"有！"到会的同志们异口同声答道。

朱老总笑了。"从这声音里，我已经看到了你们的决心。但光有决心不行，还要讲究战术。今天，我就给你们提一个口号，也是一个要求，那就是'勇敢加技术'。"

"有人也许会说，我打了一辈子仗，什么技术也没有学过，还不是照样打胜仗。持这种观点的人，迟早是要吃亏的。"

说着，他从挎包里取出了一本伏龙芝军事学院编印的《苏军合同战术教程》。接着说：

"这里面的第四章是取得胜利的一般原则，你们看看，对你们是不是有点启示。"

他又将书翻到进攻战一章，"这里一共讲了8段，结合你们的经验，看看讲得有没有道理。"

他随手把书反扣在桌上，继续说："总之，战术是你们的'补药'。你们的作战经验很多，就像一大篓子钱，是散的。战术就是钱串子，可以把那些钱串起来。用的时候，要用哪个，就拿哪个。不要把经验老是散着装在篓子里背着，成了包袱。有些经验，一千年前就有了，成了战术，成了理论，你们有的人还不知道，反而骄傲地说战术是教条。"

"战术的道理很多，我今天只讲三点，一是土工作业。平原地区大部队攻坚，怎么接近敌人？没有点就等于坐着挨打。敌人不是有沟壕吗？那好，我们也沟对沟、壕对壕，把沟壕挖到敌人眼皮底下，尽可能缩短进攻距离。二是爆破作业。石门大大小小的碉堡加起来总共有6千多个，全靠炮兵去摧毁，是不可能的。沟壕之间，街巷之间的暗堡，主要靠炸药。清风店战役中我们缴获了一批威力很大的黄色炸药，要让战士们学会使用，提高爆破技术。三是步炮协同。过去我们没有炮，小米加步枪，现在我们晋察冀有了自己的炮兵旅。有了炮，就要充分发挥炮的作用，特别是步、炮要协同好。"

朱总端起那只布满茶垢的搪瓷缸子，喝了一口水，接着讲：

"下面，我讲最后一个问题，就是怎样利用俘虏。战争是

残酷的，伤亡在所难免。我们解放区的人民已经尽了最大的努力。短时间内要补充相当数量的兵员已不大可能。日后兵员来源，很大程度上将来自教育好的俘虏。俘虏也是有很多长处的，特别是在战术、技术方面如果加以引导和教育，很可能成为我们的骨干。凡愿意回家的俘虏，都放他们回去，这本身对石门守敌也是一种动摇和瓦解。"

……

1947年11月6日，大炮揭开了总攻石家庄的序幕。

战斗在顺利发展，指战员们大胆地把大部分火炮集中使用在关系战役全局的关键地段，还把配属步兵的山炮、迫击炮也集中起来，和野炮、榴弹炮组成强大的火力队。这样，把装备处于劣势的炮兵变成了优势，有力地支援步兵突破了敌人前沿。

在战斗向纵深发展的时候，指战员们根据总司令关于"勇敢加技术"的指示，在火线发扬军事民主，大搞近迫作业，改造地形，挖掘地道和交通壕。以这些工事作掩护，从四面八方插向敌人核心工事下面，使用炸药，爆破敌火力点，对粉碎敌人的顽抗，扩大战果，减少我军伤亡起了很大的作用。

7日，朱总在冀中军区打电话给在前线指挥的杨得志，询问了战役进行情况，指示他按原定计划打下去。说：

"告诉大家，后面的同志们可是都在望着你们啊！"

9日，朱总又打电话指示杨得志：

"（一）突破内市沟后，一定要猛推、深插、狠打，不让敌人有半分钟喘息；（二）充分做好打巷战的准备；（三）全歼一切敌人，包括还乡团在内。"

经过6天激战，日军与蒋介石苦心经营10多年的石家庄的坚固城防，全部土崩瓦解，石门洞开。被敌人称之为"不可攻破的石家庄"的神话被彻底戳穿。

石家庄战役的胜利，标志着人民解放军这支从山沟里走出来的队伍完成了历史性的转折，创造了一套城市攻坚战的战术，对加速解放战争的进程影响很大。

（王纪一）

深情寄语李师弼

　　1949 年夏，李师弼在云南地下党组织的周密安排下，终于摆脱了国民党特务的监视，踏上弃暗投明的道路，取道香港、朝鲜，到达了他向往的地方——北京。刚一住下，他就急切地希望见到朱德总司令。

　　李师弼的父亲李云鹄，早年与朱德同在云南陆军讲武堂学习时，结为"金兰之交"，感情很深。辛亥武昌起义爆发后，云南立即响应，蔡锷、李根源等在昆明发动起义。朱德和李云鹄各自率部分别攻占制台衙门和藩台衙门。不久，他们一同参加援川军，出征四川，讨伐赵尔丰。以后，他们分别在滇军和黔军中担任要职，为旧民主主义革命做出过贡献。1922 年，朱德离开昆明准备出国留学时，把家眷托付给李云鹄照看，并将小梅园巷中的宅院和一部分藏书相赠。

　　李师弼到北京后的第六天，朱德派车把他接进了中南海。

　　李师弼一见到从小就敬仰的朱德，禁不住热泪夺眶而出，竟连问候的话都忘记说了。他向朱德递交了父亲的信函，寒暄过后，李师弼怀着愧疚的心情向朱德讲述了自己的经历。

　　朱德听罢，微笑着说："你能够认清形势，弃暗投明，走到人民的一边来，我们还是欢迎的。"

　　"我一定努力学习，重新做人。"李师弼感激地点着头。

　　"你过去在黄埔军校和陆军大学学到的东西，还是有用的嘛！你要认真学习毛泽东军事思想，把过去学到的知识，拿来为人民服务。"

"我有一个想法，我……"李师弼欲言又止，没有勇气把自己的想法说出来。

"有啥子想法？说出来嘛！"朱德笑着劝慰道。

"我这样的人能不能加入共产党？"

"怎么，你还不到30岁就气馁了？我脱离旧军队到德国留学时，已经36岁了，还蛮有信心的嘛！你今天过来了，就很好。你要有信心，努力争取进步嘛！"

李师弼听了朱德的话，心中释然，他表示自己要努力争取加入共产党。

临别前，朱德严肃地对李师弼说："共产党是不讲私人关系的，你要靠自己的努力，靠近组织，抓紧学习，改造旧思想，接受新思想，这才是真正光明的道路。"

不久，在朱德的关心下，李师弼进入华北军政大学学习，开始了新的生活。

1950年2月，李师弼接到一封妻子写来的信，他的思想又出现了波动。原来，妻子告诉他，父亲因心脏病不幸去世，要他立即回去。可是，当他和校方请假时，没有得到批准。为此，他很不理解。他想朱总司令是父亲的老朋友，一定会同情他，让他回去的。于是，就提笔给朱德写信，要求回云南工作，籍以料理父亲的丧事。信发后，很快就接到了朱德的复信，信中说："你父亲年过60去世，人生竟称满意之路，勿用悲伤。你来信要求回滇工作，是可以派你回去的。但是，你的思想刚由封建思想转变到新社会思想，全靠环境光明，才会有进步。你回滇，虽然可以做一些工作。但是，为你的前途着想，还是以在北方工作为宜。最后，你究竟回滇，还是在北方工作，请你考虑，再写信来，以便决定你的工作。"

读完朱德的来信，李师弼的眼睛湿润了，他想起第一次见 137

面时，朱德对他的谆谆教诲，想起在军大所受到的革命教育……

第二天，他又给朱德回了一封信，决定不回云南了。

（姚建平）

元勋与爱女

1953 年，朱敏结束了在苏联的学习，怀着万分兴奋和喜悦的心情踏上了返回祖国的旅途。

一回到家，她紧紧拉住朱德和康克清的手，迫不及待地向他们汇报在苏联学习的情况……朱德看到自己的爱女已经长大成人，即将成为建设社会主义的有用人才，不禁喜形于色。十几年来，他一直盼望着女儿能回到有己的身边，以享天伦之乐。

"你回来了，很好嘛！我们国家正处在建设时期，需要大批的人才。你要把自己学到的知识，贡献给社会主义建设事业。"朱德抚摸着女儿的头发，亲切地说。

"爹爹，那么多年不在您的身边，我没有尽到做女儿的责任。这次回来我就不离开您了，好好地侍奉您。"朱敏亲昵地挽着父亲的手臂，笑着表示道。

朱德听罢，呵呵地笑了起来，他说："好女儿，爹爹像你这么大的时候，早已离开家去找救国救民的道路了，到现在还没回过家呢。我们今天条件好了，一家人可以经常在一起团圆了。"接着，他又温和地说："你要时刻记住，我们都是在共产党的教育下成长起来的，要为党全心全意地工作，等你生下孩子，就搬到单位去住，一来便于工作，二来可以和群众打成一片。"

听了父亲的一席话，朱敏有些困惑不解：父亲一直希望自

己能早一点回到他的身边，可是，今天她回来了，为什么又让自己离开这个家呢？她不禁想起13年前见到父亲的情景……

从她出生一直到14岁，她从没有见到过父亲，只是当外婆拿出父亲的照片告诉她时，她才知道自己的父亲是一位身材魁梧，面容和善的军人。她常常缠住外婆，要外婆带她去见父亲。

1940年的一天，突然有两个陌生人闯进外婆家，指着她问姨妈说，这是朱小姐吧？姨妈镇静地对付着那两个陌生人，一口咬定她是自己的女儿。最后，那两个陌生人没有办法，就把姨妈给抓走了。地下党组织得知这一情况，立即派人把她接走，将她化妆成医疗队的队员送到延安。

在一座简陋的窑洞里，她见到了自己的父亲。她紧紧地依偎在父亲的怀里，仔细地端详着父亲，她甜甜的笑着，情不自禁地流下眼泪……

回到父亲的身边，她才真正体味到父爱，尽管当时延安的生活十分艰苦，她却感到很快乐。

两个月后的一天，父亲把她叫到身边，笑着问她："你想学习吗？"

"想啊，连做梦都在想。"她爽快地回答道。

"那好，现在派你到苏联去学习，你愿意去吗？"

一听到要到苏联去，朱敏一下子不说话了。她知道苏联是在很远很远的地方，刚刚来到父亲的身边，马上又要离开，她心里觉得很不是滋味。但是，她望着父亲那慈祥的笑容，听着父亲的亲切教诲，终于还是点头答应了。

临别之际，父亲依依不舍地拉着她的手，深情地说："你到了苏联，一定要好好学习，努力掌握专门知识。等打完仗，国家就需要建设，那时我们会需要很多建设人才。爹爹等你回来建设新中国。"

十几年来，她一直把父亲的教诲深深地铭记在心间……

想到这里，她终于明白了父亲的用意，立即表示同意父亲的决定。

作为父亲，朱德又何尝不想让心爱的女儿住在家中呢？当女儿还在襁褓中嘤嘤啼哭时，他就离开了女儿，仅仅在一起生活了两个月，就匆匆离别。自从苏德战争爆发以后，他十分惦念女儿的命运。然而，他又很清楚战争意味着什么。1943 年秋，他曾写信给女儿，教导她"在战争中应当一面服务，一面读书"，"好好学习，将来回来做些建国事业"。当时，他并不知道女儿已经被德国法西斯抓进了集中营，正在饱尝着囚徒般的磨难。直到 1945 年，苏联政府把女儿的音讯告诉给他时，他才知道女儿的情况，便立即写了一封信，希望女儿原谅他。并且解释说，他之所以没有向苏联方面询问，是因为苏联当时也处在灾难之中，他怎能为个人的事情去麻烦苏联政府呢……

不久，朱敏生下一个胖乎乎的儿子，全家人都为一个小生命的诞生感到高兴。然而，朱敏并没有忘记父亲的教诲，休完产假，便愉快地搬到了自己工作的单位，开始了新的生活……

（姚建平）

一尊乌铜马

1957 年 2 月，朱德结束了在广东的视察，又风尘仆仆地来到祖国的西南边陲——云南。

这时的昆明城，已是春意盎然，山茶花绽开笑脸，吸引着众多的游人。阔别 35 年，重返故地，朱德首先想到的是当年的老师和同学。

刚一到昆明，朱德不顾旅途劳累，就去登门拜访他的老师李鸿祥。

一见面，朱德恭敬地向李鸿祥执弟子礼。他的举动，把李鸿祥弄得无所适从，虽然说他曾经做过朱德的老师，但如今朱德已经是国家的领导人了，真有些担当不起。

"不敢当，不敢当！"李鸿祥热泪盈眶，连忙拱手还礼。

朱德挽住李鸿祥的胳膊，亲切地说："您过去是我的老师，现在仍然是我的老师。几十年来，学生一直没有忘记老师当年的教诲。"

坐定下来，朱德深情地说："南京一别，一晃 35 年过去了，真没有想到今天还能见到老师。"

李鸿祥起身从案头取来一尊乌铜马，激动地说："你看，当年你送给我的礼物，我一直保存在身边。每当看到这尊小马，我就想起了你。"

朱德接过乌铜马，轻轻地摩挲着，陷入了深深的回忆之中……

142

1922 年，朱德离开云南后，决意要出国寻求救国救民的道路，在军阀杨森那里，他婉言拒绝了杨森让他当师长的邀请，乘船到了上海。他从上海赴北京的途中，曾去南京看望他的老师、原云南陆军讲武堂教官李鸿祥。他向李鸿祥讲述了要出国寻求真理的决心，深得李鸿祥的赞赏，并当即取出一笔钱，赠给朱德作为旅资。为了表达对老师的感激之情，朱德把随身携带的一尊心爱的乌铜马送给李鸿祥作为临别纪念。虽经几十年的戎马生涯，朱德始终惦念着他的老师。云南一解放，他就委托在昆明的陈赓、宋任穷代他去看望李鸿祥。

在拜望李鸿祥的当天晚上，朱德又在宾馆宴请了当年参加过辛亥革命的 40 多位老人。他在致词时说："云南是我的第二故乡，有光荣的革命传统，我永远不会忘记云南。这次有幸重返云南，见到阔别多年的老师、同学、同事，愉快的心情是难以表达的。"席间，朱德逐一地询问了老人们的生活和工作情况，使老人们倍感亲切，感慨万千。李鸿祥即兴赋诗三首。其中一首写道：

　　　　　　"青山一发是滇南，
　　　　　　白首相逢慷慨谈。
　　　　　　论道经邦动天地，
　　　　　　春醪共醉乐耽耽。"

朱德听罢，也乘兴和诗一首：

　　　　　　"英侵法略视眈眈，
　　　　　　革命当年秘密谈。
　　　　　　制度更新歌乐土，
　　　　　　彩云永是现滇南。"

　　这一次会面的时间虽然不长，但是，却在老人们的心中留下了深深的美好记忆。

（姚建平）

粗茶淡饭最相宜

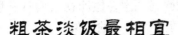

> 百花齐放各争春，
> 金马碧鸡彩色新；
> 琼楼玉宇翠湖畔，
> 勤扫亭堂迎贵宾。

这首悬挂在昆明翠湖宾馆大厅里的七言绝句，是朱德副主席1957年2月视察昆明时，特地写给翠湖宾馆的。说起这首诗来，还有一段趣事。

当时，宾馆的同志接到朱德副主席的手书，心情非常激动，看了又看，念了又念，觉得字字句句都很金贵。他老人家不仅把昆明古老的神话般的传说"金马"、"碧鸡"和现实的翠湖宾馆的"琼楼"、"玉宇"写进了诗里，而且还把"勤扫亭堂"也写了进去。他们感到特别亲切！

朱德副主席听着大家反复吟诵着"勤扫亭堂"，好像是猜透了同志们的心思，他慢慢引导说：

"接待工作，可是第一线的工作。不论内宾还是外宾，我们还没见面，你们就先见到了。要是思想不健康，就不能代表中国人民去迎宾待客。所以要……"

听到这里，大家恍然大悟，原来朱副主席说的"勤扫亭堂"，不仅仅是搞好宾馆的清洁卫生，更重要的是要把人的思

想搞健康。这里面寓意多么深刻啊！

他们想起朱德副主席在昆明视察的日子里，他的一言一行，给大家留下了不可磨灭的印象。

云南，是朱德副主席的第二故乡，是他早年生活和战斗过的地方。早在 1909 年，他考入云南陆军讲武堂；1911 年，参加了"重九起义"；1916 年参加了讨袁护国战争……他对云南和云南人民怀有深厚的感情。当他于 1957 年 2 月 13 日来到昆明时，感到一切都是那样熟悉，但又是那样陌生。昆明的一山一水，一草一木，对他来说，都是那样亲切。

朱德同志的生活十分简朴。来到昆明后，省委的领导同志考虑到他已是 71 岁高龄的老人，为了照顾他的身体健康，让宾馆工作人员把伙食搞好一点。但是，朱德副主席对自己的日常生活要求十分严格，再三提出不能超出他的伙食标准，希望把饭菜做得清淡一点。

一次，为他做了一个"金雀花炒鸡蛋"。一端上来，他特别高兴，兴趣盎然问道：

"如今还有没有'豌豆尖'？"

"有，现在就有。"

工作人员一听他很喜欢当地的小菜和野菜，就说：

"您过去吃过'苦刺花'吗？"

"吃过，吃过。要放昭通酱炒，非常好吃啊！"

当他们知道朱德副主席很喜欢群众常吃的这些野菜时，就经常为他做些，每次摆上桌，他都十分满意。

朱德副主席在宾馆住了一段时间，省委在检查接待工作时，发现每天的伙食费用，大大低于规定的标准，怕影响老人家的健康，就批评了接待人员，并吩咐他们要考虑老年人的身体健康，做一些燕窝、银耳和胶质较重的食物给老年人吃。

　　一天，接待人员根据省委的意见做了"燕窝煮鸽蛋"，一端上桌子，朱副主席就立刻把接待人员叫去，十分委婉地批评说：

"你们每天对我照顾得很好，吃得也很可口！不要再搞那些高贵东西给我吃了！要看到工农群众的生活还很苦。"

工作人员非常不安地解释说：

"省委领导怕不能保证您的营养，影响身体健康。"

朱德副主席非常认真地说：

"这次燕窝的钱我出了。下次再弄来，我就罢吃了！"

当时，由于省委领导再三强调要保证他老人家的营养。过了几天，工作人员又做了一次燕窝，硬着头皮给朱副主席送去了。这下朱副主席真的生气了，他一口也不吃，而且还让康大姐专程去商店调查了燕窝的价格，严厉地批评了接待人员。省委知道后也不再强调伙食标准了。他老人家爱吃什么就给他做些什么吃。经常做些青蚕豆焖饭、炒香椿、豌豆尖。每一样做好了，端上来，他都十分满意。每一次都是那句寓意深长的话：

"几十年不吃了，别有风味啊！还是粗茶淡饭最相宜。"

（周中菊）

"党派什么，就干什么"

  1957 年 12 月下旬的一天，朱德收到当时主持书记处工作的邓小平的一封来信和一份二届人大常委候选人名单，征求他的意见。

  当时，为迎接第二届全国人民代表大会的召开，正在进行着准备工作。邓小平同志根据毛主席提出的不再担任国家主席的建议，广泛征求了各个方面的意见之后，对新的一届国家领导人的人选，拟出了初步方案，其中建议刘少奇继续任人大常务委员会委员长。

  朱德看了邓小平的信后，经过再三考虑，从国家利益的大局出发，认为刘少奇担任国家主席更为适合，便将自己的想法写信告诉了邓小平和书记处的同志们。他在 12 月 29 日的信中写道：

  "小平同志转书记处同志们，你给我的组织部、统战部对二届人大常委提名候选人名单一份，我同意。我提议以刘少奇同志作为国家主席候选人，更为适当。他的威望、能力、忠诚于人民革命事业，为党内党外、国内国外的革命人民所敬仰。是一致赞同的。因此，名单中委员长一席可再考虑，以便整体安排。至于我的工作，历来听党安排，派什么，做什么，祈无顾虑。"

  我们从这短短的一封信中，可以看到一位伟人的博大胸怀。他考虑问题时时处处从党和人民的利益出发，以党的事业

和人民的利益为重，从不计较个人得失。正如他所说的，党派什么，他做什么。真正做到了一切听从党安排。

早年，朱德在滇军中任旅长。在那个时代，也可算得上是"高官厚禄"了。但他为了寻求救国救民的真理，毅然漂洋过海，苦苦求索，终于找到了马克思主义，找到了共产党。1922年11月，他加入中国共产党后，立志"终身为党服务，作军事运动"。朱德用他那戎马一生的战斗生涯，实践了自己的诺言。他参加领导了南昌起义，同毛泽东、周恩来等老一辈革命家共同缔造了人民军队。他为了维护党的统一和军队的团结，在长征途中，曾同张国焘的分裂主义进行了坚决斗争。毛泽东称赞他是"临大节而不辱，度量大如海，意志坚如钢"。抗日战争爆发后，他根据党中央的决定，率领八路军奔赴抗日前线，抗击日本侵略者，建立抗日根据地，开展游击战争。

朱德虽是中国共产党的领袖之一，但在党内生活中，他始终把自己看作是一名普通党员，从不搞特殊化，时刻模范地遵守党的纪律，服从党的决定。

邓小平同志和中央书记处接受了朱德的建议，提名刘少奇为国家主席，朱德为委员长，供中央政治局讨论后，向全国第二届人民代表大会正式推荐。1959年4月27日，第二届全国人民代表大会第一次会议上，刘少奇当选为中华人民共和国主席，朱德当选为第二届全国人民代表大会委员长。此后，他在这个岗位上，一直兢兢业业为党和人民工作到生命的最后一刻。

（周中菊）

站得高，看得远

1958 年 7 月初，朱德委员长来到兰州市视察工作。

夏天，对兰州来说，是个黄金季节。这里，没有华北平原的似火骄阳，也没有大江南北的绵绵阴雨，高原古城兰州的夏天，多是风和日丽、清爽宜人的天气。

朱委员长乘坐的飞机，从西安抵达兰州上空，缓缓下降时，他透过舷窗看到一座新兴的工业城市已拔地而起，心情非常兴奋。当天下午，他不顾旅途的疲劳，就迎着绵绵细雨登上兰州的五泉山，鸟瞰市容。

五泉山，因有五股清凉甘醇的泉水而得名。山上的崇庆寺，为明代建筑，古朴而雄威。从山脚到半山腰间，傍依山势，有许多古迹名胜。现已辟为五泉山公园，供人游览。

朱委员长同随行人员在嘛尼院小憩之后，拾级而上，向千佛阁攀登，半路上有一座牌坊横跨在山道上。抬头望去，只见牌坊的正面横书着七个大字：

"高处何如低处好。"朱委员长说：

"这七个字很有意思。"

陪同的一位同志说：

"后面还有七个字呢！"

朱委员长和随行人员穿过牌坊，回头看到在牌坊的背面，确确实实也横写着七个大字："下去还比上来难。"

朱委员长笑了。他端详一阵后，继续拾级而上，边走边对随行人员说：

"这两句话是佛教的思想和语言，很有哲理。是劝告人们最好安贫守拙，无所作为。其实高处低处各有利弊，不能绝对化。比如晚上行军，你说在高处好，还是在低处好？如果走在山顶上，人影映着天空，就容易暴露目标；如果走在山下，就容易遇到敌人的伏击。高处不安全，低处也不保险。所以，晚上行军，特别是接近敌人时，最好是不高不低，在半山腰里走。"他的几句话，引来了同行者的一阵笑声。

他接着说："说到'上来'与'下去'，我们很自然地想起那句俗话：'上山容易下山难。'古人把'下去还比上来难'，写在这里，也是寓意很深的啊！要是以我们现实的情况作比，'下去'是更难些。所以，毛主席一再倡导各级干部要深入实际，调查研究；倡导将军下连当兵，书记种试验田。目的就是接触实际，了解下情，解决问题。"同行者听到这里，都频频点头，打心眼里钦佩朱委员长的这一番开导。

大家攀登到千佛阁，远望群山连绵不断，黄河滔滔东去；俯视城西十里长街，楼群叠起，郊区工业区，烟囱林立。朱委员长说：

"还是站得高，看得远。王安石不是有一首《登飞来峰》的诗吗？他说'不畏浮云遮望眼，只缘身在最高层'，这话是很有道理的。"

在下山返回的路上，又看到"下去还比上来难"这几个字，朱委员长意味深长地说：

"比较起来，向上攀登，总要困难一些；向下后退，总要容易一些。我们应该鼓足干劲，力争上游，多快好省地建设社会主义，努力攀登世界高峰。"

朱委员长一生南征北战，不知攀登过多少崇山峻岭。他对山有着特殊的感情。他始终把登山视为一种最好的锻炼，不仅

锻炼体力，而且还磨炼意志。他直到晚年，登山活动仍坚持不停。有一段时间，他住在北京的西郊。星期天，他常去攀登香山。1959 年 11 月 1 日，他登香山时，看到青年们打着红旗，扶云直上，到达顶峰高歌胜利的情景时，浮想联翩，当时就写下了一首诗：

　　　　　红叶落山坡，
　　　　　香山游人多。
　　　　　少壮扶云上，
　　　　　高岭听高歌。

　　人们都说朱德委员长真是一位"踏遍青山人未老"、"攀登高峰志不移"的革命老人。

（刘学民）

"如此美风仪，天下知重师"

  一天，朱德收到一封特殊的来信，打开一看是小孙子的老师写来的。

  信写得非常感人，先介绍了孩子在学校的情况，然后检讨了自己没有把孩子教育好，作为一名人民教师来说是失职的，实在对不起革命前辈。

  原来是朱德有个上小学的小孙子，因为贪玩，学习成绩下降了，前天考试算术，只得了59分。放学后，老师把他留下来，找他谈话，帮助他。他却趁老师没注意悄悄溜走了。老师为了配合家长教育他，才给朱德写了这封信。

  朱德看信后，非常重视，立即把孩子叫来，对他耐心地讲道理："光想着玩，不努力学习文化知识，就不能很好地为人民服务。科学技术在不断发展，现在不好好学习，长大了什么也不会干。当工人不会做工，当农民不会种田。怎能生产出机器？怎么长出粮食？大家都像你这样，全国人民吃什么？穿什么？上课时不能画小人，也不能人坐在教室里，心却想着玩。"

  小孙子听了，还不大服气，说："老师出的题，我全会。这回是粗心了。再说59分离及格也只差一分，老师为什么就要告诉爷爷！"

  爷爷又对他说：

  "不及格，就是不及格，差一分也是不及格。再说及格

了，难道就满足了吗？应该争取优异成绩。老师批评得对，是对你负责。学生怎么能不听老师的话呢？一定要尊重老师。这是当学生必须首先做到的一点。"

他要小孙子去向老师承认错误，并保证今后不再重犯，一定要努力学习。朱德对小孙子的教育使老师和身边的工作人员都受到了深刻的教育。

朱德还特地把老师请到家里来做客。当老师来到时，他起身迎接，并热情地同老师握手，感谢老师对孩子的辛勤教育。他说：

"老师的工作很重要，关系到下一代的成长。希望老师对孩子严格要求。"

老师说："一定不辜负您的期望。"

朱德尊师重教是一贯的。不仅教育儿孙尊重老师，自己还作出榜样。朱德对他的老师，一直是很敬重的，就是在他成了党和国家的领导人后，也从未曾忘记过他的老师。1957 年春，他到云南省视察时，应邀参加省政协在政治学校礼堂举办的晚会。演出即将开始时，一位年逾七旬的老人被工作人员引导到前排。朱德看见走过来的老人，急忙起身向前，立正敬礼。礼毕，握住老人的双手，亲切地唤道："叶老师，您好！"然后，请老人先入座。待老人坐定之后，他自己才坐下。

这一情景，使在场的人都惊呆了：

"来者，何许人？"

前排就坐的有许多是辛亥革命的老人，他们知道刚刚入座的是老同盟会会员叶成林老先生。当年，朱德在云南陆军讲武堂学习时，他是朱德的教官。

一阵窃窃私语之后，大家得知朱德副主席迎接的是他的老师时，都被眼前这一幕师生之情深深地感动了。

朱德的另一位老师李根源先生曾赋诗颂扬朱德尊师：

如此美风仪，
天下知重师。

（周中菊）

"栽桑种桐，子孙不穷"

1960 年的阳春三月。

朱德怀着十分眷恋之情，回到他阔别了 50 年的故乡四川仪陇县。

山笑，水笑，人欢笑。"朱总司令回来了！"家乡的人民奔走相告，传递着这一喜讯。

那一年，朱德已 70 多岁，他不顾旅途的劳累，一踏上家乡的土地就翻山越岭，走遍了新寺、马鞍、大风、日新、城关的许多乡镇。每到一地，他都是走家串户，探望乡亲，调查研究，了解民情。他看到家乡翻天覆地的变化。非常高兴地对乡亲们说：

"搞社会主义要广开财路，把家底搞得厚厚实实。除了种粮食，还要抓好棉花、油料的生产。要多喂牛、羊、鸡、鸭。还要修傍山猪圈，队队户户养猪。要推粉、榨油，粉渣、油渣可作饲料。要想法子年年增产，年年节约，年年增加收入，年年增添家底。坚持下去，十年八年就富裕了。"

仪陇县委书记向他汇报了全县搞多种经营和山地利用的情况后，他语重心长地说：

"你们管理全县的大家务，要多想些问题，周密计划，还要发挥下面生产队的积极性。把山区社员的生活搞得富富裕裕的，吃不完、穿不完、用不完，这才尽了县委的责任。县委要关心群众的生活。"

他还特地为家乡的人民写了"全党一条心，一股劲"的条幅，勉励大家要团结奋斗。

家乡的人民都知道朱德从小就喜欢种树。直到今天，在他的旧居，在他读书、教学的学校，还能看到他当年亲手植下的树木。琳琅山下的药铺垭小学，是他读私塾的地方。校门前有一棵他幼年时种下的香樟树，至今枝叶繁茂，学生们常在浓阴下集会和游戏。仪陇县城里的金城小学门口，有一棵巍峨的皂角树，挺拔翠秀，有十多米高。那还是1908年他在这个学校任体育教师时栽的呢！前人栽树后人乘凉。这个学校现有一千多名学生，孩子们常常在皂角树下作操、游戏、复习功课。要是问起这棵大树是谁栽的？他们都知道是朱德爷爷亲手栽下的。

朱德同志来到琳琅大队，他对大队长说：

"俗话说'靠山吃山，靠水吃水'，山区要从山区的实际出发，想山区的办法。在山区就要发展林木，多种树。河坡、路旁、田埂上，栽桑树、茶树、果树、白蜡树，就是在住宅附近的零散地块上，也可以栽树。四季常青，这是最好的绿化。生活环境好了，还增加收入。好好种植广柑、药材、山竹，想法运出去，化肥、机器就运回来了。这是条富裕之路。"

这时，琳琅大队的队长指着大湾坡上的嘉陵桑对康大姐说：

"听老人们讲，那桑树就是朱老总在顺庆府（今南充市）读书时，带回来三百株桑枝栽下的。"

朱德听到后，非常惊奇地问道：

"还活着？"

"剩下不多几棵了，但长得很好。"

朱德说："山区宝藏多呀！许多地方胜过平川。树木、竹子、山货、药材都是宝贝。要因地制宜，发展山区。农、林、

157

牧、副、渔、土产、特产都要搞。搞好多种经营，把秃山打扮好，山上的木材就用不完，瓜果就吃不了，桑叶就采不尽。常言道'栽桑种桐，子孙不穷'。别小看栽桑养蚕这可是摇钱树呀！蚕粪可肥田，桑枝能作烧柴，桑椹可入药，蚕丝可卖钱。女人穿衣扯布，娃娃念书买本子，老人有病就医，都可以从这里开销。"

朱德的每句话都讲得实实在在，都讲到群众的心里去了。仪陇的人民牢记着"栽桑种桐，子孙不穷"，努力发展山区的多种经营，林果、桑蚕都有很大发展。金城寨的果园，琳琅寨的茶树年年丰收。

（周中菊）

"唯有兰花香正好"

　　朱德爱兰花，这是人皆共知的事。可是朱德如何养兰花，知道的人就很少了。

　　兰花，是一种多年生常绿草木。那纤细悠长的叶片，早春由叶丛中抽出的肥嫩的花茎，那飘着清香的花朵，给人以清新淡雅、质朴的感觉。

　　朱德养兰花始于1951年春，他把精神和情操寄寓在朴实无华、清馨淡雅的兰花上。对兰花可入迷了，写下了近四十首咏兰诗词，大都是即兴而作，不事修饰，情真意切。

　　1961年3月，朱德到广州视察时，游览了越秀公园，园内百花盛开，争奇斗艳。当他看到盛开的兰花时，便即兴作了一首《游越秀公园》的诗：

　　　　越秀公园花木林，
　　　　百花齐放各争春。
　　　　唯有兰花香正好，
　　　　一时名贵五羊城。

　　诗中表现了在百花园中，他对兰花独特的喜爱。

　　朱德虽倾心爱好和研究兰花，但是不愿坐享其成，一定要自己动手采集、培育。为的是分栽百处，供人观赏。每当外出，有机会他常常爬山登高，在花草之间，流连忘返。有时，

蹲跪在树阴下，甚至匍匐在草丛中，欣赏那大自然创造的精品，那美的化身。当发现兰花中的名贵品种，总是小心翼翼地将它挖出带回，精心培育、繁殖。1955年，朱德的兰花只有50多盆，到1964年短短9年时间，已迅速发展到6000多盆。盆盆体态优雅，气宇轩昂，临风摇曳，婀娜多姿。这些兰花差不多全是他外出时，从各地的山上采来的。

早在井冈山时期，朱德便把一种野生兰花取名为"井冈兰"。1962年3月，他重访井冈山时，已是76岁，但他不顾年高，并自掘得"井冈兰"数株，并作诗一首：

> 井冈山上产幽兰，
> 乔木林中共草蟠。
> 漫道林深知遇少，
> 寻芳万里几回看。

表现了他对"井冈兰"深深的眷念之情。他将这几株兰草带回中南海，亲手栽在院中，每逢漫步花前，更加遐想联翩，就像又回到当年战斗过的井冈山。

朱德曾对身边的工作人员说："养兰入门易，精通难。须窥天时，测气候，勤于护持，做到栽养有法。"他从兰花专著和兰花专家处学到了一套完整的栽培技法。对兰花越爱越深，栽兰技术日渐精湛。他那渊博的兰花知识及精湛的栽培技术，就连行家都很佩服。他采集繁育好的兰花，不是孤芳自赏，而是着眼于与各地调剂余缺，繁殖推广。他曾把兰花名城的名贵品种"大富贵"赠给了福州西湖公园的兰圃，使这个公园增添了新春景色。他还把自己亲手繁殖好的福州建兰，送给广州华南热带植物园的兰圃，鼓励他们繁殖推广。现在北京中山公园的兰花，有许多是朱德所赠，其中有不少名贵品种。首都人民能够观赏到名兰，这里有朱德的一份劳动和汗水，也渗透着他热爱人民的拳拳之心。

在解放前，兰花只是供有钱有势的人玩赏，特别是一些名贵品种，往往是以多少亩土地或若干两黄金换取一盆。一般老百姓是难得见到的。朱德说："兰花不能像过去那样只供少数人玩赏，要逐步走入寻常百姓家。"

每当一天工作劳累了，朱德就来到兰圃转转，他常说："看上20分钟兰花，比休息两个钟头都好。"

他为兰花照了许多照片，余暇的时候，戴着老花镜，一张张地欣赏。那副认真的样子，就像是在观赏一件件精美的工艺品。

朱德是位驰骋疆场、运筹帷幄达半个多世纪的元帅，又具有高洁、清雅的儒雅风度，这也许同他爱兰花有着深切的关系。

（王纪一）

"越老越英雄"

1963 年 1 月。

在首都北京正是冰天寒地的季节，而在秀丽的桂林却是另外一番景色，花木繁茂，温暖如春。这时，朱德委员长来桂林视察，恰好同徐特立同志住在同一个招待所里。

29 日，风和日丽。朱德邀请徐老去登叠彩山。徐老欣然应诺，他笑着说：

"总司令，你这年轻人都想上去，我这老头子也不能落后呀！"

朱德笑了："我已经 77 岁了，怎么还说我是年轻人呢？"

徐老笑着回答："我今年 87 岁，比你整整大 10 岁。跟我比，你当然是年轻人啰！"

早饭过后，汽车送两位老人来到桂林北部的叠彩山下，抬头看，山势笔陡，绿树葱葱，只有一条小路时隐时现在万木丛中。再往上看，只见明月峰高入云端。

朱德来到叠彩门，脱去外衣，回头对徐老说："怎么样？开始吗？"

徐老幽默地回答说："你前面走，老夫随后到！"

朱德兴致勃勃，不停步，不喘气，经仰止堂、望江亭，直上明月峰，回头一看，徐老也向峰顶走来。他走得满头大汗，便脱去帽子，任凭山风吹拂着满头银发。随行的同志怕他受凉，劝他戴上帽子。他却笑着说：

"没关系，浑身披就黄金甲，敢与西风战一场。"

两位老人坐在峰顶的拿云亭上，远眺近望，山如碧玉簪，水似青罗带，山色美景尽收眼底，"桂林山水甲天下"真是名不虚传。

当晚，朱德赋诗一首，赠送徐老，称赞徐老人老心不老：

> 徐老老英雄，
> 同上明月峰。
> 登山不用杖，
> 脱帽喜东风。

徐老读后，非常高兴。第二天早晨，即步原韵和诗一首，回赠朱德，称赞他身体健壮，气势超人：

> 朱总更英雄，
> 同行先登峰。
> 拿云亭上望，
> 漓水来春风。

后来，谢觉哉同志听说他们结伴登明月峰的趣事之后，也步原韵和诗三首，以示祝贺。其中第一首是：

> 越老越英雄，
> 攀上最高峰。
> 九十不算老，
> 昂头唱大风。

三位革命老人赋诗唱和抒发豪情壮志，一时传为佳话，使

年轻人备受教育。

（刘学民）

会见张思德的母亲

　　1966年国庆节，首都晴空万里，阳光灿烂。朱德和毛泽东等党和国家领导人一起登上天安门城楼，庆祝中华人民共和国成立十七周年。

　　在天安门城楼上，朱德委员长听中央警卫团的领导说：

　　"张思德的妈妈刘光有应邀来北京观礼了，现在就在城楼上。"

　　朱德委员长非常高兴地说：

　　"我想见见她。"

　　张妈妈在仪陇县思德公社的妇女干部戴素芳的陪同下，来到休息室，早已等候在休息室里的朱委员长，迎上前来，拉着张妈妈的手，向周总理和董老介绍说：

　　"她是张思德的母亲，从四川仪陇来。"

　　张妈妈同周总理和董老等党和国家的领导人一一握手问候。朱委员长拉她坐在自己的身边，说："感谢你啊！你是一位伟大的母亲，你养了一个好儿子。"

　　张妈妈听着朱委员长用深重的乡音同自己谈话，格外感到亲切。她一听朱委员长这样赞誉自己，忙摆着手说：

　　"是毛主席和总司令教育得好！思德当红军时，才十八九岁，还是个不懂事理的娃儿！"

　　朱委员长一面拿起苹果让张妈妈品尝，一面深情地说：

　　"张思德同志为人民的利益牺牲了，我们大家都很悲痛。

毛主席很爱张思德，号召大家学习他那种为人民服务的精神。我们都要向张思德学习。你是英雄的母亲，来到人民的首都，应当受到欢迎！"

张妈妈说：

"我来到北京最高兴的是，看到您和毛主席的身体都很健康。这样好，我也就放心了！"

临别时，朱委员长又问，在北京住多久了，住在什么地方，还邀请她到家里去做客。

第二天，朱委员长派人把张妈妈接到家里，特意准备了家乡的饭菜招待她。席间，朱委员长亲自斟酒、夹菜，同她拉家常。张妈妈像回到自己家里一样，毫无拘束，有问必答。气氛十分融洽，大家都很轻松。特别是朱委员长知道家乡变化很大，农村安定，群众都在一心搞生产时，他老人家非常高兴，举起一杯酒，一饮而尽。康大姐在一旁忙提醒说：

"老总呀！可不要过量了！"

朱委员长笑着说："酒逢知己千杯少哇！"然后，又给自己酌满杯，也给客人添上了酒。

张妈妈风趣地说：

"康大姐，你可不能克扣总司令的酒哇！"

康大姐和委员长都爽朗地笑了。

朱委员长在饭后又问陪张妈妈来的妇女干部戴素芳：

"你家的生活如何？"

"挺好的。"

"怎个好法？讲具体点，我听听。"朱委员长关切地说。

戴素芳册着指头，比划着说：

"我家五口人，一个半劳力。去年分了两千斤粮食，还有170元现金。杀了两头肥猪，还有其他副业收入……"朱委员长边听边点头，说：

"这样好。够了，够吃了，还会略有节余。但还不很富裕，还得努把力呀！"

朱委员长还询问了家乡群众的生活、生产各个方面的情况。他问：

"你们开始宣传计划生育了吗？"

"宣传了。"

"现在，农村里妇女生的孩子多不多？"

"生孩子还是很多的。"

"你们知道不知道，在解放前穷人家孩子生得多，又养不起，把婴儿丢在小河里、水塘里，甚至茅坑里……太惨了！"朱委员长讲起了旧社会家乡妇女的悲惨生活。

"现在，丢孩子的事没有了。但是，生得太多了！"

"计划生育，可是件大事。在农村关系到劳动妇女的彻底解放问题，意义重大。你们妇女干部要广泛宣传，造成舆论，让大家都懂得这是关系到国计民生的事情。有关部门还要供应好药物和器具。"

临别时，他老人家还再三叮咛说：

"做妇女工作的同志，要特别关心女同志的疾苦！"

他握着张妈妈的手说："你要保重身体！回去后，代我问候乡亲们好！希望他们把仪陇建设得更好！"

（刘学民）

"主席和恩来最了解我"

　　1966 年，"文化大革命"的浪潮席卷中华大地。

　　这时，已经 80 岁高龄的朱德，对"文革"中出现的一些现象深感不安。在中央召开的会议上，他曾经多次袒露过自己心中的忧虑：

　　"在文化大革命运动中，要注意'抓革命，促生产'。今年是第三个五年计划的第一年，我们应该使工农业生产有大幅度的增长。"

　　"现在群众已经起来了，我有点怕出乱子，特别是怕生产上出乱子。"

　　"现在有一个问题，就是把你也打成反革命，把他也打成反革命。我看只要不是反革命，错误再严重，还是可以改正的。一打成反革命就没有路可走了，这个问题要解决。"

　　"现在文化大革命运动搞到破坏生产的程度，忘记了'抓革命，促生产'，这是新出现的问题。"

　　然而，在当时那种政治环境中，朱德的话不仅根本起不了任何作用，反而招致林彪、江青一伙人的嫉恨。在林彪、江青一伙人看来，朱德虽然已经不再参与中央的决策，但他在党内、军内和人民群众中享有崇高的威望，所以，仍然是他们篡党夺权的障碍。他们在打倒刘少奇、邓小平等老一辈革命家的同时，也没有忘记要把朱德"批倒批臭"。

　　1967 年 1 月，在江青的授意下，戚本禹操纵中央办公厅的"革命群众"贴出了诬陷朱德的大字报，说他是"大军阀、大野心家"，要"批倒批臭"。

这时，正在玉泉山的朱德听到这一消息，立即驱车赶回中南海。当他赶近家门时，看到墙上、地下刷满了标语。还有一张勒令书，勒令他要向"革命群众"交代反对毛主席的罪行……朱德轻蔑地摇着头，走进了家门。

"克清，你怎么样啊？"朱德关切地问道。

"没关系！"康克清脸上露出一丝苦涩的微笑。

接着，康克清愤怒地向朱德叙述了白天发生的事情。

原来，康克清刚从全国妇联被批斗后，一回到家就被造反派团团围住，扬言要把朱德轰出中南海。康克清看着这些"革命群众"歇斯底里地叫嚣着，十分坦然地说："我们是不是离开中南海，要由中央作决定，你能决定吗？"一句话把那些造反派问得哑口无言，他们看闹不出什么名堂，就没趣地走了。

听了康克清的一席话，朱德心里明白，倘若他们背后没有人支持，这些人是不敢如此胡作非为的。

1967年2月，事态的发展越来越严重，江青、康生等人又把"批朱"的浪潮推向社会。戚本禹煽动人民大学的"红卫兵"说："朱德是大野心家、大军阀，他一贯反对毛主席，你们要把他揪出来，批倒批臭！"一夜之间，北京的街头巷尾，便贴满了"打倒朱德"、"炮轰朱德"的大幅标语。北京大学的造反派头目聂元梓得此消息，也不甘落后，积极策划"批判朱德"的行动。他们四处搜寻材料，并且张贴出"海报"，准备联合社会各方面的"革命组织"，召开"万人批斗朱德大会"。

对于斗争的升级，朱德早有思想准备，他深情地对康克清说："不要着急，主席和恩来最了解我！"

造反派要揪斗朱德的消息传到周恩来那里，他立即请示毛泽东。随后，又嘱咐秘书立即给戚本禹打电话，指名要戚出面制止这次行动。同时表示，如果要揪斗朱老总，他周恩来将前往陪斗。于是，当时社会上传出一则小道消息，说毛泽东曾乘车外出，看到街头张贴的揪斗朱德的"海报"，气愤地对身边的工作人员说："要斗朱老总，就搬两把椅子，我去陪斗。"

（姚建平）

"朱毛不可分"

在十年动乱中,中华大地骤然卷起一阵"打倒一切"的妖风,上自国家主席和开国元勋,下到平民百姓,都卷入了这场史无前例的风暴中。在林彪、江青一伙野心家的操纵之下,1967年2月,一夜之间北京城里贴出了许多"打倒朱德"的大字报,诬陷他是"大军阀、黑司令"。朱老总蒙受了许多不白之冤。

1973年12月21日,毛主席在中央军委召开的部分老同志座谈会上,当着大家的面意味深长地说:

"老总啊,你好吗?你是红司令啊!人家说你是黑司令,我总是批他们。我说你是红司令,如果你是黑司令,我就是黑政委。现在你不是红了吗?""朱毛,朱毛!你是朱,我是毛,我是朱身上的毛!"话不在多,可字字千斤。参加会议的老帅们都清楚毛主席讲这些话的意义。对那些企图打倒朱老总的野心家来说,无疑是致命的打击,而对亲密战友朱老总来说,却寄予了无限深情。

朱老总和毛主席一样,他历来认为朱毛不可分。

在长征路上,张国焘反对党中央,反对毛主席,闹独立,搞分裂,朱老总同他进行了针锋相对的斗争。开始,张国焘妄想拉拢朱德和他一起反对毛主席和党中央,当遭到朱德的反对时,张国焘恼羞成怒,通过各种大小会议,威逼、刁难朱德,并煽动一些不明真相的人,对朱德、刘伯承等人进行围攻。在

171

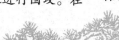

一次所谓党的活动分子会议上，张国焘亲自唆使其亲信对朱德施加压力，硬要朱德承认党中央的北上抗日行动是逃跑主义。朱德和刘伯承坐在一起，态度镇定自若，不予理睬，张国焘便操纵一些人叫嚷着，硬逼着朱德表态，朱德明确地回答说：

"北上抗日是中央的决议，中央的路线是正确的。我是举过手的。我不能反对毛主席、党中央。"朱德还对张国焘说："你私自成立的'中央'，不是中央。你不能另起炉灶，闹独立性，分裂党，分裂红军。你应该改正错误，服从毛主席、党中央的领导。"

朱德话音刚落，张国焘等人便破口大骂：

"你这个老糊涂，老右倾，老而不死的！"无论他们怎么叫骂，朱德胸怀坦荡，临难不苟。

张国焘眼看一计不成，又生一计。他便挑拨朱德和毛泽东的关系，企图煽动朱德反对毛泽东，当场遭到朱德的反对。朱德光明磊落，义正词严地对张国焘说：

"朱毛，朱毛，人家外国人都以为朱毛是二个人。哪有朱反对毛的！朱毛是不可分的！"

长征结束，朱老总在延安王家坪，曾无限深情地说过：

"'朱毛不可分'的思想，我也不是一参加革命就有的。1927年南昌起义时，还没有这个思想；1928年井冈山会师后，我初步有了这个思想，但不够牢固。一直到遵义会议时，我才彻底的树立起这个思想。因为革命成功的经验和失败的教训，证明毛主席路线是正确的，领导是高明的，毛主席把马克思主义同中国革命结合得最好，他的意见都是从中国革命实际出发。因此，我下决心，一心一意跟着毛主席干革命、拜毛主席为老师，拥护他担任我们党的领导。"

毛泽东、朱德这一对亲密战友，为缔造人民共和国，携手并肩奋斗了一生。

（周中菊）

"我不要孝子贤孙"

　　"要接班，不要接'官'。接班，是接革命的班，就是接为人民服务的思想，时刻想着大多数人，掌握为人民服务的本领，实实在在地干革命。如果忘掉了人民，心里想的是当官，就会脱离群众，早晚有一天要被人民打倒。"这是朱德教育子孙做什么样的接班人的基本观点，是掷地有声的铮铮之言。

　　他有一个孙子原在青岛海军某部当兵。在 1974 年，他的儿子朱琦病故后，儿媳考虑到老人家身边没有一个大一点的孩子照顾，就要求部队的首长把孩子调到北京，以便照顾老人家。部队的领导出于对朱老总的关心，就同意了。

　　小孙子调回北京后的第一个星期天，就去看望爷爷和奶奶。一进家门，爷爷就问他："你怎么回来了？是出差，还是开会？"小孙子考虑再三，没敢直说自己调回北京，只讲是到北京海军某部帮忙。

　　两个月后的一个星期天，他又去看望爷爷和奶奶。爷爷把他叫到自己的房间，很严肃地问他：

　　"你在海军帮忙多长时间了？怎么不走了？是不是调到北京了？"

　　小孙子一看再也瞒不住了，低着脑袋说了实话："我调到北京了。"还说便于照顾爷爷。

　　爷爷一听，就觉得这里面有"鬼"，很不高兴。他非常严肃地说：

"我要的是革命接班人，不要孝子贤孙。哪里来的，还应该回哪去！"

事后，他又把海军的领导请到家里，了解了孙子调回北京的经过。然后，他说：

"我还是请你们把他调到部队的基层去锻炼吧，不要把他留在大机关里。我虽然年纪大了，但有组织上很好的照顾，用不着他们。"那位海军的领导听了朱老总的话非常感动，当场表示回去就办。

事过两天，到了腊月二十九，小孙子回来对爷爷说：

"爷爷，组织上决定调我到部队的一个基层单位去工作。"

爷爷听后很高兴，亲切地对他说：

"应该走出机关，到基层去锻炼，对你的成长大有好处。你应该安心地去工作。"

快过春节了，小孙子想在北京过完节再去部队报到，他对爷爷说：

"今天是腊月二十九，明天是大年三十，春节部队放假3天。我想和部队首长说说，过了春节再走。爷爷您看行吗？"

爷爷没有同意，严肃而又慈祥地对他说：

"不行。一个解放军战士，必须坚决服从命令听指挥，严格执行纪律。大年三十也要走。到部队和同志们一起过春节更有意思。"

小孙子在爷爷的谆谆教诲下，就在大年三十离开北京，愉快地登上了南下的列车！

（刘学民）

老总谆谆勉肖华

1974 年，正是"四人帮"猖獗的时候，被林彪、江青反革命集团关押了 7 年多的肖华在毛泽东的干预下，走出了监狱。他回到家中，首先想到的是要去看望多年没有见面的朱德委员长。

在西郊一处幽静的院落里，肖华见到了他一生敬重的革命老前辈——朱德。8 年未见，肖华看到朱德变得老多了，额头上的皱纹更多了，脸上布满了寿斑。然而，他那和善、慈祥的神态依然如故。

落座后，朱德关切地询问起肖华的身体、生活以及家庭等情况，老前辈的关怀，使肖华深受感动，不禁热泪盈眶。

当肖华谈起 8 年冤狱的生活时，朱德意味深长地说："肖华呀，要振作起精神，我们不能灰心呀！共产党员，受点委曲不算回事。过去战争年代，我们遇到那么多困难，受到那么多挫折，不是都熬过来了？现在这点磨难，能让我们丧失信心吗?!"

朱德的一席话，说得肖华心里热乎乎的。他知道，像朱德这样德高望重的开国元勋，人民军队的总司令，在"文革"活动中同样受到林彪一伙的迫害，人格受到莫大的污辱。但他仍然是胸襟坦荡，毫无怨言，对革命前途依然充满了信心。

"总司令，我明白了。"肖华还像当年那样称呼着朱德。"可是，林彪他们任意篡改历史，把井冈山会师说成是林彪同

175

毛主席的会师，简直不知道世上还有羞耻二字！"

"恶有恶报，天理难容。"朱德神情泰然，语调深沉而缓慢地说："井冈山会师，他林彪不过是一个营长，怎么能说是他和毛主席会师呢。历史就是历史，历史是公正的，"朱德说完，不屑地摇了摇头，表示出对已经覆灭的林彪一小撮丑类的蔑视。

肖华赞成地点点头，又向朱德谈了自己对形势的看法。

朱德听罢，微笑着勉励道：

"我们要相信党，相信毛主席。这些年，不过是历史的一个插曲，革命的道路是曲折的，但总是向前发展的。"

接着，朱德又鼓励肖华抓紧学习，多读一些书，特别是有关哲学方面的书籍，为今后出来工作做准备。

"总司令，我的家多次被查抄，什么东西都给抄走了。"肖华颇有苦衷地说道。

"噢，"朱德走到书柜前，打开柜门，"没啥子关系，你从我这里挑一些书吧！"

"谢谢总司令。"肖华心情激动地走到书柜前，挑选了几本马克思、列宁和毛泽东的哲学著作。

"肖华呀，你要记住，凡是违背唯物辩证法的东西，别看他眼前时兴得很，但从长远的观点看，最后在历史上总是站不住脚的。要好好的学，它是我们识别真假马列的武器。"朱德语重心长地说道。

肖华离开了朱德的住所，在回家的路上，不断回味着朱德刚才说过的话：历史是公正的，历史是公正的。

（姚建平）

革命者的遗产不是金钱

　　"革命者的遗产不是金钱，而是革命精神。"这是朱德教育子孙的一句名言。

　　在他去世前不止一次地讲过：我只有两万元存款，这笔钱不要动用，不要分给孩子们，作为我的党费，交给组织。

　　他曾对孙子们说："我是无产阶级，我所用的东西都是公家的，我死后一律上交国家。我最珍贵的是屋里那张毛主席像，可以留给你们；我读过的书，你们可以拿去读。"

　　朱德逝世后，康克清遵照他的遗愿，将两万多元存款，全部作为党费交给组织。表现了一个无产阶级革命家崇高的无私奉献精神。

　　朱德这位共和国名列第一的元帅，从不居功自傲，总是对自己严格要求。1955 年，中国人民解放军实行军衔制，他坚决不要元帅工资，说：

　　"我的工资不能超过毛主席、周总理。"

　　在他的坚持下，始终没有拿过元帅工资。

　　生活上，他低标准，艰苦朴素，从不追求享受。一次，朱德早起洗脸，服务员多放了点水。他说：

　　"要注意节约，节约一滴水、一分钱。自来水不是自来的，不能浪费。有钱不能乱花，要支援国家建设。"

　　平时，朱德穿的都是旧衣服，破了补上补丁继续穿。晚年要为他做一身衣服都很难。他担任全国人大常委会委员长，接

见外宾较多，考虑到国际影响，准备为他做两套衣服外事活动用。他就是不同意。

"我的衣服不是很好嘛！把钱省下来可以支援国家建设嘛！"

后来，又经过各方面人员的动员，他才勉强同意做了一套衣服，但是要自己出钱。

朱德多年使用的卫生间很窄小，洗澡盆比较高，每次进出很不方便。组织上考虑到他年纪大，手脚不大灵活，澡盆又滑，容易出事。几次要给他改造卫生间，把澡盆高度降低。他知道这事后，就问要用多少钱，中直管理局的同志告诉他大概要用三四百元。他坚决不同意修，说：

"这样已经很好了，不要花这笔钱。"

在他的执意坚持下，没有修成。组织上还考虑为他修一个室内上汽车的车库，在他的反对下，同样也没有修。直到1976年在他最后一次住院时，组织上下决心为他翻修澡盆，可是，他却再也没有能够回到家里，给我们留下了深深的遗憾。

他对自己要求非常严格，对别人却关心备至，时刻想着党和人民。星期天的中午或节假日，总是留工作人员在他家吃饭，尤其是想到厨师和司机。在他身边工作过的同志，每当家中遇到困难，都得到过他的帮助。

他不是一个"有钱人"，除了工资，别无收入。

在如何看待子女花钱的问题上？他对身边的工作人员说：

"不要小看给钱的问题。如不注意，钱给得多了，实际上是害了他们。他们都有工作，有收入。能生活就行了，要那么多钱干嘛？孩子们对过去的苦难不知道，钱给多了，可没有好处！"

他没有给子孙后代留下分文，却留下了比金钱宝贵千百倍的精神财富。他留下的不是物质享受，而是艰苦朴素的优良传统。

（王纪一）

活到老，学到老

1940 年 6 月的一天。

延安杨家岭的大礼堂里座无虚席，一阵暴风雨般的掌声过后，主席台上传来了浓重的四川口音：

"在学习上，延安是师傅，我们是跟着延安走的，这里学什么，我们那里也学什么……"

这是从抗日前线回到后方的朱总司令，在中央宣传部召开的延安在职干部学习周年总结大会上的讲话。他详细介绍了抗日前线的将士利用战斗间隙，联系实际学习马列主义的经验后，非常谦逊地说：

"前方后方很多同志都说我是一个模范学生，老实讲，咱算不上。因为我小的时候读过些'诗云'、'子曰'很多要不得的东西。要重新学起，一面学新的，一面还要丢旧的。我只知道一句俗话：'做到老，学到老，还有三分学不了'。"礼堂里又响起一片热烈的掌声。

朱德的一生是战斗的一生，也是学习的一生。他为革命而学，为民族独立、国家富强而学的精神，尽人皆知，并一直为人们所传诵。朱德到德国留学时，已经 36 岁。他为了能够更好地阅读马克思、恩格斯的原著，以顽强的毅力学习德文，并到格廷根大学旁听政治经济学和哲学。凭着他的刻苦努力，不久就可以看德文版的《共产党宣言》了。就在这期间，他学习了《社会主义从空想到科学的发展》、《唯物史观》、《共产

179

主义运动中的"左"派幼稚病》、《帝国主义是资本主义的最高阶段》等书，用马列主义武装了思想。从而立下了为共产主义奋斗终生的宏愿。

在硝烟弥漫的革命战争年代里，他那坐骑的马褡子里，总是装着许多马列的书籍和报章杂志。不管有多忙总是要挤出时间来学习。他常常是白天行军、指挥作战，晚上在老乡的炕头上，点起油灯学习到深夜。像《共产党宣言》《反杜林论》《生产主义运动中的"左"派动稚病》以及《论持久战》等书，不知读了多少遍。有的书皮破了，他就用红布包起来。今天，在革命博物馆里陈列的许多朱德读过的书，都成了教育后代的宝贵教材。

全国解放以后，朱德身负重任，日理万机，但学习从不放松。他通读了中共中央规定的高级干部必读的32本马列著作，其中大部分都读了两遍，还写下了许多读书笔记。他为了更好地领导我国的社会主义经济建设，同身边的工作人员一起联系我国的实际，认真学习政治经济学。他外出视察时，始终坚持理论联系实际，注重调查研究，在工业、农业、林业、交通、外贸、军工生产等方面，向党中央、毛主席提出过许多创见性的建议。

1975年前后，朱德已是90高龄的老人，一直有病，但学习热情不减当年。他每天除了工作外，大部分时间都用在学习上，学习成了他的第一需要。1976年5月19日，他收到成仿吾送来的《共产党宣言》新译本。这是成仿吾根据1848年的德文原本，对自己1938年翻译的《共产党宣言》重新校订后出版的。朱德在第二天对照着旧译本，认真地读了一遍。书一读完，第三天，他就亲自去中央党校看望成仿吾。俩人见面，没聊上几句，话题就转到了《共产党宣言》的新译本上。朱德称赞成仿吾做了一件很有意义的工作。他说：

"新译本通俗易懂，可以一口气读下来。有了好的译本，才便于弄懂弄通马克思主义。"

谁能想到，一个多月以后，朱德便与世长辞了。他一生中接触的第一本马克思主义的经典著作是《共产党宣言》，他临终前最后读的一本马克思主义经典著作恰巧还是《共产党宣言》。朱德实践了自己的诺言：活到老，学到老，毕生为共产主义而奋斗。

（刘学民）

"人民是不会赞成的"

　　1974年初是江青反革命集团活动最猖獗的时候。他们除了打着"批林批孔"的幌子，利用各种场合，公并攻击国务院总理周恩来以外，还经常以"商量工作"为名，去干扰他的工作，折磨他患有癌症的身体。妄图彻底搞垮他，实现他们篡党夺权的罪恶目的。

　　一天，康克清回到家中，闷闷不乐地坐到沙发上。

　　"今天又发生了啥子事情？"每次康克清回来，朱德都要问问外面发生的事情。

　　"今天召开了中央国家机关批林批孔动员大会。"康克清漫不经心地说着。

　　"噢，你快给我讲讲讪！"

　　"有什么好讲的，还不是报纸上的那一套东西。"

　　"你讲一讲开会的情况嘛！"朱德催促着，急于想知道到底是怎么回事。

　　于是，康克清把开会的情况扼要地说了一遍。接着，她不无忧虑地说："听了江青、迟群的讲话，我有一个突出的印象，就是他们向军队送'材料'，把手伸进了军队。我很担心他们要把军队搞乱。"

　　听了康克清的一席话，朱德沉思了片刻，神色镇定地说："你不要害怕，军队的大多数是好的，地方干部大多数也是好的。你想想，群众会同意受二茬罪吗？你到工厂去问问工人，资本家回来他们赞成不赞成？你到农村去问问农民，地主回来他们赞成不赞成？你再去问问知识分子，做亡国奴他们赞成不赞成？人民是不会赞成的。"

朱德的分析，使康克清心里踏实了许多。她也相信，那些把革命的口号喊得最响，而骨子里却包藏着野心的人，是不会有什么好结果的，人民是不会允许他们胡作非为的。

1976 年 6 月，朱德生病住医院后，私下里再一次向康克清谈了对"四人帮"的看法，他始终认为，我们的军队，有那么多老同志在，靠得住。

7 月下旬的一天，康克清带着女儿朱敏驱车来到西山叶剑英的住所。尽管由于朱德的逝世，巨大的悲痛仍在缠绕着她的心灵。但是，面对"四人帮"抢班夺权的喧嚣，她再也无法忍受，她要把朱德最后的遗愿尽快告诉叶剑英等老帅们。

落座后，叶剑英打开收音机，把音量放得很大，而后轻声地问道："大姐，朱老总临走时有什么交代？"

康克清急切地把朱德生前讲过的话，一股脑儿的转述给叶剑英。叶剑英听罢深为感动，连声赞叹朱德的胆识。

果然，两个多月后，当康克清获知叶剑英等代表人民的意志，逮捕了"四人帮"的消息，心情无比激动。她深情地凝视着摆在案头上的朱德遗像，宽慰地笑了。

（姚建平）

拒收礼品

　　1974年8月的一天，上午刚过，一辆小轿车开进了秦皇岛市工艺美术厂的院子，停在一排遮阴蔽凉的杨树下。车门打开后，走出来一位女同志，她就是朱委员长的夫人康克清同志，人们都亲切地称呼她康大姐。

　　一听说康大姐来了，工厂的领导都出来迎接。这时，只见康大姐从汽车里小心翼翼地搬出一幅贝雕画。大家都愣住了：这不是昨天送给朱委员长的那幅"山峡夜航"吗？怎么给退回来啦？

　　原来，昨天88岁高龄的朱德委员长到工艺美术厂来视察。他老人家参观了生产车间，仔细询问了生产情况和工人们的生活情况。他再三鼓励大家：

　　"要精益求精，为人民创造出更多更美的艺术品。"

　　工人们衷心爱戴朱委员长，感谢他老人家的关怀。为了表达心意，便特地挑选一幅最有象征意义的贝雕画，赠送给委员长。挑来挑去，选中了这幅《山峡夜航》。画中青山对峙，湍流直泻，船灯闪烁，破浪而行。工人们觉得这幅画最能恰当地表达对朱德委员长的深情厚意。它象征着老一辈无产阶级革命家历尽千难万险，乘风破浪，去夺取胜利。他们又怕朱委员长不收，就没惊动他老人家，只向陪同的同志说明了工人们的心意。然后，就悄悄地放在随行人员的车上带走了。

　　朱委员长回到北戴河后，知道了这件事。他对康大姐说：

"还是请你代我去一趟秦皇岛把工人同志们的心意留下，把贝雕画退回去，一定谢谢大家！"

康克清大姐便专程来秦皇岛，转达朱委员长的心意，送还"山峡夜航"贝雕画。

工人们恳切地对康大姐说："这是我们大家亲手制做的，也算是向委员长作汇报的，还是请您劝委员长收下，留作纪念吧！"

康大姐听了，笑着转达委员长的心意说：

"大家的心意，委员长已经收下了，谢谢大家。可这幅贝雕画坚决不能收。这是人民的财产，应该拿去换外汇，支援国家建设。我看还是按他的意见办吧！"

最后，贝雕画《山峡夜航》还是退给了工艺美术厂。工人们噙着眼泪送康大姐离开了工厂。

朱德委员长一生艰苦朴素、廉洁奉公。他一贯拒收礼品和馈赠。和平时期，物资丰富了，是这样；战争年代里，物资奇缺的情况下，他也是如此。

有一年春天，当时，担任八路军总司令的朱德，到南泥湾视察工作。他在留守兵团骑兵教导队的院子里，看到挂着几张豹子皮，走过去摸了摸，连连说：

"金钱豹，好皮子，好皮子！"非常关切地询问了这一带野兽出没祸害群众的情况和他们打猎的情况。

在这之前，教导队的同志们就听说他老人家铺的、盖的都很单薄，觉得他日夜为革命操劳，实在太辛苦了。几个干部一商量，决定挑一张最好的豹子皮送给朱总司令。

下午，朱总司令回延安时，教导队的同志送来了捆好的豹子皮。他当即婉言谢绝，说：

"你们这是做啥子？我们党是有规定的，不兴送礼这一套。我这个当总司令的，更应该带头遵守啊！"他指着穿得破

185

旧的教导队的学员们说：

"同志们开荒生产都很辛苦，穿的却这样破旧。一张豹子皮可以换七八匹布，能做好多套衣服呀！你们让我白拿豹子皮，我不成了'剥削户'了吗？"几句话，讲清了道理，也引来一阵笑声。

大家目送着朱总司令走了，但他那廉洁奉公高尚品德却永远留在大家的心中。

（周中菊）

给人民留下一片阴凉

朱德同志是举世瞩目的伟大的军事家和政治家，谁可曾想到这位统率千军、驰骋疆场的元帅，这位党和国家的领导者，为了造福于子孙后代，在倡导植树造林、绿化祖国方面，也洒下了辛勤的汗水，做出了不可磨灭的贡献。给人民留下了一片阴凉，留下了永远的怀念！

1940 年春天，华北抗战如火如荼，朱德带着八路军总部机关，驻守在山西武乡县的王家峪村。面对着满目荒凉，不见有树阴遮掩的村庄，朱总司令发出植树造林绿化村庄的号召，并率领驻地军民在王家峪一带种植了两万多棵白杨树，他亲自和战士们，在村头和房前屋后，栽上了一棵棵树苗。当时，有的战士不解地说：

"我们天天打仗、转移，栽这些小树苗干啥用呀！"

朱总司令耐心地解释说："植树造林，可是件大好事呀！树多了不仅可以调节气候，还可以做盖房子的木料，有的叶子还可以吃，树枝还可以当燃料烧火。"

有个小战士天真地说："现在栽上这些树苗，我们也用不上呀！"

朱总司令笑了笑说："中国有句谚语：'前人栽树，后人乘凉。'我们八路军植树就是为了后代，将来革命胜利了，搞建设也需要木材嘛！"

朱总司令的一席话，使战士们受到很大鼓舞，不几天功

夫，王家峪村前村后，全都栽上了小树苗。

今天的王家峪村，已是林木繁茂，绿树成阴了。每到夏天的夜晚，乡亲们坐在树下乘凉时，就想起了 50 年前，在这里为他们植树的朱总司令和八路军。

王家峪的寨湾有一棵白杨树，是 1940 年清明节时，朱总司令和他的警卫员种植的。当年的小树苗，现在已长成了高达 26.65 米的参天大树，大树主干的直径 0.93 米，枝下高 9.85 米、冠幅 20 多米，覆盖面积 60 多平方米，繁茂的树叶，像张开的一把大伞。说来也真稀奇，这树上的枝条，你随便折下一枝，用手一折断，中心总是一棵五星，很像五星军徽。至今，在王家峪还流传着种种传说。

老人们说："朱总司令不同凡人，他栽的树自不一般！"

青年人说："朱老总当过红军总司令，那树心的五星就是他头上戴过的红五星！"

还有人说："朱总司令栽杨树时，就要回延安了，他怕走后乡亲们惦念他，便留下了他那颗五角星，时时刻刻和太行的土地、太行的人民在一起……"

这些传说是那么优美，那么动人。"五角星"的出现，很可能是树木自身结构的巧合，肯定植物学家会有一个科学的解释。而我们却从这些传说中看到了太行山地区的人民对朱总司令的深厚感情和无限怀念！

"元帅柏"巧遇元帅

1963年3月12日，朱德到四川视察，来到剑阁县的剑门关。这里原是一条古驿道，据说原来古驿道两旁，有古柏数十万株，经过几百年的风雨，现在仍有近万株。树干参天，浓阴蔽日。在崇山峻岭的古道两旁连绵不绝，蔚为壮观。清代剑州知州乔钵曾赋诗赞誉这一胜景为"翠云廊"。

从"翠云廊"到天生桥一段，有一株古树，高34.8米，树干直径1.16米。远看似柏，近看像松。种子卵形，大于柏籽而类似松子，是世界珍稀树种之一。中国林业学会把它定名为"剑阁柏木"。

朱德看到这株古树后，非常高兴，告诉当地的负责同志说："长成这样大的树，好不容易，可要好好保护呀！"

这时，一个同行的工作人员问："还有比这棵树大的吗？"

在场的一位农民说："那里还有一棵帅大的树！"

那位工作人员又问："什么是帅大的树？"

朱德兴奋地说："这是我们四川话。就是很大的树，就是树中的元帅！"

朱德和随行人员一起来到"元帅柏"旁，6个随行人员手挽着手才围住了树干。朱德赞叹不绝，再三叮咛：

"要好生保护这株树中的元帅！"

从此，剑门人民十分珍惜它，爱护它，并认真研究它。元帅与"元帅柏"的故事也传为佳话。

"卧龙柳"起死回生

全国解放后，党中央机关驻进了中南海。1951 年，开始整理中南海的园林。一天，朱德来到工人中间和他们攀谈养花和植树。工人们都知道朱老总一贯提倡栽树种花，爱树爱花，便向他介绍中南海园林的规划，征求他的意见。朱老总指着岸边一棵树干已大半腐烂、斜卧在地上的柳树说：

"这棵残柳，你们怎么处理？"

工人们说："挖掉，栽棵新的。"

朱老总说："这棵树不必挖掉，还有那些有病的老槐树也不要挖掉，中南海里老树都不要挖掉。这是古人留下的，都长了几十年、上百年了，我们要爱护它们，把它们救活，养好！"

那棵残柳留下了，园林工人按照朱老总的意见，整治了树干上的伤疤，使它免于一死。几年之后，奇迹般地长成了一棵枝叶繁茂的新柳。一到春天，柳絮飞扬，柳丝摇曳，婆娑多姿。那满目伤残的树干变得苍劲突起，生气勃勃。在中南海里有着成百上千的珍奇树木，都没有名字。工人们依照它那龙盘虎踞、腾空欲飞的姿态，给它起名为"卧龙柳"。30 多年过去了，朱老总离开了中南海，离开了我们。在他的关心下救活的"卧龙柳"却至今依然茁壮地生长在中南海里。见物如见人，每当人们看到那棵"卧龙柳"，就自然而然地想起了爱树如子的朱老总。

"植树节"的倡导者

朱德，这位久经沙场的元帅，常常用战略家的眼光和头脑去观察和思考一些有关国计民生的大事。他认为植树造林，绿化祖国，是关系到中华民族千秋万代的大事业，不能等闲视之。所以，他时刻挂在心上。建国以后他走遍全国各地，几乎每到一地，都关心植树造林的问题。在东北，他提出：要有计划地开发林业。在云南，他提出：除了发展农业外，还要发展林业，发展经济林。在四川，他提出：靠山吃山，靠水吃水。山区以发展林业为主。在海南，他提出：不要乱烧山，要护林防火，封山育林……在全国林业厅局长会议上，他提出："要全党开展造林活动，凡是能种树的地方都要种。"

他多次向党中央建议，提倡植树造林。1952年3月5日，他给周恩来总理写信，建议将清明节定为植树节。他认为向全国公布植树节的好处是可在当日催促人民个个种树，家家动员，各栽一棵或两棵。全国党政军民机关学校都来种树，形成一种制度和风气。他特别提出要多种果树，营造经济林。他认为营造经济林，既能改善人民生活，增加收入，还可增加出口，又可防风、防旱、防止水土流失，防止山洪。

朱德建议规定"植树节"的愿望，终于在24年后实现了。1975年，国务院决定每年的3月12日为"植树节"。在一年一度的"植树节"里开展植树活动时，我们不会忘记朱德一生倡导植树爱树，为民造福的功绩。

（周中菊）　191

寄希望于青年一代

1957 年的冬天，快放寒假了。

北京石油学院钻井 54 级的同学，离毕业还剩下一个学期了。毕业的前夕，这些石油战线上未来的突击队员，个个思想活跃。他们想到自己将要为实现第二个五年计划去开采石油，心情非常激动，但一想到即将开始的新生活，又有些茫然了。多数同学响应党的号召，自愿到边疆去，到艰苦的、到祖国最需要的地方去。但是，他们把未来的一切想像得过于"诗情画意"，缺乏吃苦的准备。还有些同学留恋大城市，怕艰苦，甚至后悔不该学钻井这个专业。

这时，他们想起了老一辈革命家对青年的关怀，想起朱总司令在 1952 年为了迎接我国第一个五年计划，在首都高等院校毕业生大会上的讲话。他希望同学们服从组织分配，愉快地走上工作岗位，积极参加第一个五年计划，继续地为党工作 50 年。自己如能直接听听老一辈革命家的教导那该多好。于是，大家一致赞同给敬爱的朱总司令写封信，请他给青年人以教诲！

信发出后没几天，他们果真收到了朱总司令的复信。

石油学院钻采系钻井专业四年级三班

全体青年同志：

　　你们的来信收到了。因我最近工作比较忙，不能来看望你们，请原谅。

不久以后，你们将走上工作岗位，你们所从事的工作，对祖国的工业化事业有重大意义。石油是我国目前最缺乏的物资，也是国家工业化过程中十分重要的物资。祖国和人民的利益在期待着你们以高度的热情和毅力，把祖国的石油资源开发出来。

    把贫穷落后的过渡时期的中国变为富强和先进的社会主义工业化的中国，这是一个伟大的事业，但也是一个困难的事业。希望你们以艰苦奋斗和不怕任何困难的精神承担起建设社会主义和共产主义的伟大的任务。

　　祝

你们好

                                    朱德

                              1957 年 12 月 17 日

    "朱总司令来信了！"这个喜讯像插上了翅膀，飞向全学院，鼓舞着即将毕业的同学。大家激动地说：

    "朱总司令最理解我们年轻人的心情！"

    "我们一定遵从朱总司令的教导，绝不辜负他老人家的期望。"

    同学们纷纷表示，要到最困难的地方去，到克拉玛依去，到青海去，到甘肃去，到祖国最需要的地方去。钻井专业54级的117名同学都愉快地服从祖国分配，走上了荒原漠北，在那里战天斗地，去为祖国开采石油。10年、20年、30年过去了，他们当中的许多人转战在玉门、大庆、胜利、华北、中原等油田，为把"贫油"的帽子扔进太平洋，作出了贡献。

    至今，朱总司令给北京石油学院钻井专业毕业班写信的故事，还流传在石油战线上，激励着一代又一代的年轻人去为祖国献石油。

                                （刘学民）　193

"革命到底"

　　1975 年 1 月，在第四届全国人民代表大会上，朱德再一次当选为全国人大常委会委员长。这时，他已是 89 岁高龄了。

　　自"文化大革命"以来，一种强烈的忧患意识时时萦绕在他的心头。特别是近两年，江青、张春桥等人的倒行逆施；毛泽东、周恩来身患重病，更引起了他的不安。

　　值得庆幸的是，江青等人篡党夺权的阴谋没有得逞，在这次人代会上，周恩来继续担任国务院总理。历经磨难的邓小平出任副总理，成为周恩来的主要助手。在会上，当朱德听到周恩来在政府工作报告中提出"在本世纪末，全面实现农业、工业、国防和科学技术现代化"的宏伟目标时，他的精神为之一振，心情格外激动。

　　3 月 6 日这一天，他的一个晚辈去探望他时，提出请他写几个字，他欣然命笔，写下了"革命到底"四个大字，充分表达了一个老共产党员为共产主义事业奋斗终生的坚强意志和信念。

　　就是在他生命历程的最后一段时间里，他仍是努力去实践自己的崇高理想。他先后会见了数十位外国领导人。并且同许多去探望他的老同志促膝长谈，鼓励他们努力学习马列主义、毛泽东思想，为党为人民多做工作。

　　1976 年 1 月 8 日，周恩来逝世的消息传来，使朱德陷入了极度的悲痛之中……在 50 多年的革命征途上，他们患难与共、风雨同舟，结下了深厚的战斗友谊。

1月10日下午，他乘车来到北京医院。在女儿的陪伴下，走近周恩来的遗体，面对故去的战友，他庄严地抬起右手，行军礼告别。

回到家中，他沉痛地对身边的工作人员说："总理为国家、为人民鞠躬尽瘁，死而后已，是一个真正的彻底的无产阶级革命家。"

不久，他又对人大常委会的几位负责人说："总理去世了。我们国家在国际上的威望只能上，不能下。""我们的生产只能上，不能下，一定要把生产搞上去。"

周恩来逝世以后，江青等人加紧了篡党夺权的活动，他们利用各种舆论工具，攻击诋毁周恩来和主持中央工作的邓小平。朱德在和一位老同志的谈话中愤怒地说："别听他们'革命'口号喊得比谁都响，实际上就是他们在破坏革命，破坏生产。不讲劳动，不搞好生产，能行吗？粮食不会从天上掉下来。没有粮食，让他们去喝西北风！"

6月21日，朱德在人民大会堂会见了澳大利亚联邦总理马尔科姆·弗雷泽。这一次会面，给弗雷泽留下了深刻的印象。当他得知朱德逝世的消息后，感到格外难过，他在信电中充满深情地回忆起，十几天前与朱德的会面，赞誉朱德为建设新中国作出了重要贡献，将永远为人们怀念。连朱德也没有料到，与弗雷泽的会见竟是他最后一次参加外事活动。从此，他再也没有踏进人民大会堂的大门。

6月25日下午，朱德突然患肠胃病，保健医生认为应立即住院治疗，可是，他却坚持要等第二天接见完外宾后再去住院。在医生和家人的劝说下，他才勉强同意住进医院。

在医院里，他依然关注着国家的命运与前途。他私下里向康克清谈了对"四人帮"的看法；鼓励主管生产的李先念副

195

总理要坚持工作，把生产搞上去。

多种并发症袭扰着他，病情在逐渐恶化的时刻，他却挂念着毛泽东的身体，劝说医疗小组的医生们去关照毛泽东。

7月6日15点零1分，朱德的心脏停止了跳动。

继周恩来之后，在中国的大地上又失去了一位卓越的领导人，陨落了一颗巨星，成千上万的群众怀着对老一代革命家的深切眷恋，怀着对"四人帮"的无比仇恨，聚集在十里长街上，默默地目送着朱德的灵车向西驶去……

（姚建平）

后　记

　　今年，是朱德委员长诞辰120周年。我们应天地出版社之约，编写了这本小书，奉献给广大读者，以寄托对朱德委员长的无限崇敬和怀念之情，希望大家喜欢它。大家读后，如果能从朱德委员长的伟大精神和高尚情操方面，受到启迪和教育，那将是我们最大的愿望。

　　朱德是位伟大的马克思主义者和无产阶级革命家、政治家、军事家，正如周恩来同志所说，他是"人民军队的缔造者和领导者"，他的革命历史"已成为二十世纪中国革命的里程碑。辛亥革命、云南起义、北伐战争、南昌起义、土地革命、抗日战争、生产运动，一直到现在的自卫战争"，"是无役不与"。他伟大的一生，不仅为中国革命做出了巨大贡献，建立了丰功伟绩，还为人民留下了许多宝贵的精神财富。多年来，由于我们从事朱德著作和生平事迹的研究工作，查阅过许多历史资料，访问过不少老同志，积累了许多宝贵的材料，深深地被他那种伟大而又平凡的事迹所感动。因此，在工作之余，编写了这本小书。书中涉及的重要事件，都经过了再三考证。其中有许多鲜为人知的新材料，是第一次披露。写作中，作者力求用新的表现手法写出新意。

　　在写作过程中，我们还参考了一些同志的回忆录和专家、学者新近的研究成果。由于涉及的资料较多，恕不一一注明，谨向有关的作者致以诚挚的谢意。

197

　　这本书是由龚希光、冯若赐、刘学民、姚建平、周中菊、王纪一等同志共同编写的，最后由刘学民统改和定稿。

　　书中可能还存在不少缺点和不足，我们真诚地希望广大读者批评指正。

编　者

2005 年 10 月 11 日